**Inge Holler-Zittlau / Winfried Dux
Roswitha Berger**

Marburger Sprach-Screening für 4- bis 6-jährige Kinder (MSS)

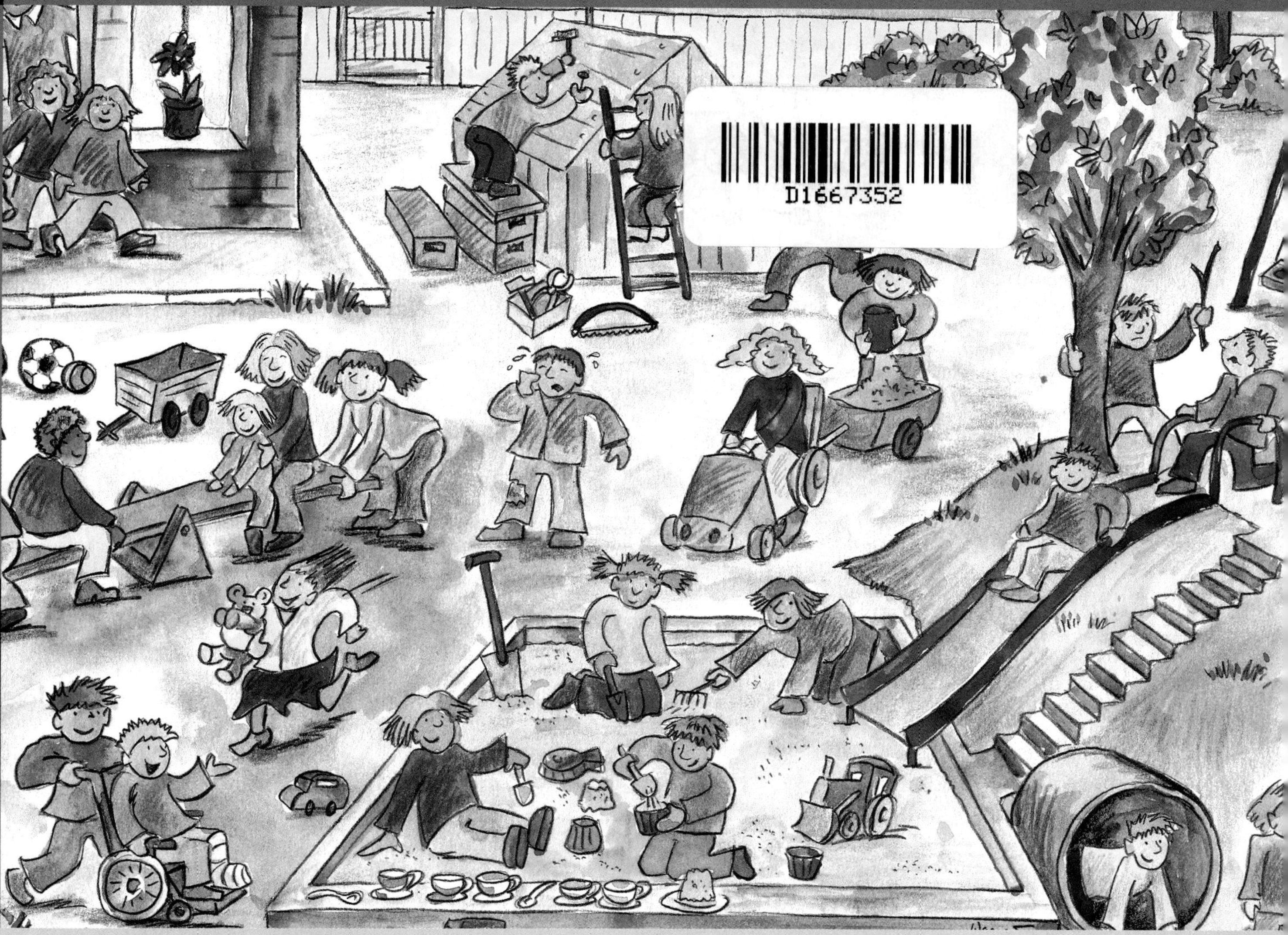

Ein Sprachprüfverfahren für Kindergarten und Schule

Inhalt:
- Mantelbogen
- Ergänzende Informationen (Eltern)
- Ergänzende Informationen (Kindergarten/Schule)
- Kontaktaufnahme mit dem Kind
- Überprüfung der Sprachkenntnisse
- Auswertungsbogen (4- bis 5-Jährige)
- Bewertungsbogen (4- bis 5-Jährige)
- Auswertungsbogen (5- bis 6-Jährige)
- Bewertungsbogen (5- bis 6-Jährige)

10er-Pack Testbögen

ISBN 3-89358-998-8

Mantelbogen

Einrichtung (Anschrift)	
Prüfer/Prüferin	Kind

	Jahr	Monat	Tag
Untersuchungstag			
Geburtstag des Kindes			
Alter des Kindes			

männlich	weiblich	Muttersprache: Deutsch	ja	nein
		Muttersprache:		
Welche Sprache wird in der Familie hauptsächlich gesprochen?					

Name:

Ergänzende Informationen (Eltern)

	immer	häufig	manchmal	selten	nie
Geht Ihr Kind regelmäßig in den Kindergarten?					
Geht Ihr Kind gerne in den Kindergarten?					
Erzählt Ihr Kind etwas von seinen Freunden/Freundinnen oder aus dem Kindergarten?					
Erzählt Ihr Kind gerne „kleine" Geschichten?					
Malt Ihr Kind gerne?					
Kann Ihr Kind einen Ball mit beiden Händen fangen?					
Kann Ihr Kind sich längere Zeit selbst beschäftigen?					
Ist Ihr Kind häufig erkältet?					
Haben Sie den Eindruck, dass Ihr Kind richtig hört?					

Ist bereits eine Hörüberprüfung erfolgt? Wenn ja, wann?	ja	nein
Hat die Hörüberprüfung Auffälligkeiten ergeben?	ja	nein

Besonderheiten in der körperlichen Entwicklung:

Besonderheiten in der sprachlichen Entwicklung:

Name:

Ergänzende Informationen (Kindergarten/Schule)

1. Sozial-, Spiel- und Arbeitsverhalten

	immer	häufig	manchmal	selten	nie
Das Kind nimmt aktiv am Gruppengeschehen teil.					
Das Kind spielt gerne mit anderen Kindern zusammen.					
Das Kind ist schüchtern, spielt am liebsten alleine.					
Das Kind wird wegen seiner geringen Sprachkenntnisse vom Spiel ausgeschlossen.					
Das Kind entwickelt viele Spielideen.					
Das Kind spielt Rollen- und Phantasiespiele.					
Das Kind spielt mit Material, mit dem man bauen und konstruieren muss.					
Das Kind spielt nur, wenn man ihm sagt, was es spielen soll.					
Das Kind führt Aufgaben selbstständig durch.					
Das Kind bricht bei Schwierigkeiten das Spiel ab.					
Das Kind hilft anderen Kindern.					
Das Kind zieht sich alleine Jacke und Schuhe an/aus.					
Das Kind malt gerne.					

2. Sprachverhalten

Das Kind stellt viele Fragen.					
Das Kind versteht Spiel- und Arbeitsanweisungen richtig.					
Das Kind spricht nur, wenn es aufgefordert/gefragt wird.					
Das Kind spricht nur mit der Erzieherin.					
Das Kind spricht nur mit einzelnen ausgewählten Kindern.					
Das Kind spricht sehr leise.					
Das Kind spricht oft mit lauter Stimme (es schreit).					
Das Kind vermeidet das Sprechen.					
Das Kind verständigt sich durch Gesten.					
Das Kind stottert.					

Name:

Kontaktaufnahme mit dem Kind

	Antwort des Kindes:
Wie heißt du?	
Wie alt bist du?	
Wann hast du Geburtstag?	
Wo wohnst du?	
Gehst du gern in den Kindergarten?	
Was gefällt dir dort am besten?	
Was gefällt dir dort nicht?	
Womit spielst du gerne?	
Mit wem spielst du gerne?	

Bemerkungen:

Überprüfung der Sprachkenntnisse
(Bildvorlage „Spielplatz")

1. Spontansprache

Prüfer/Prüferin zeigt dem Kind das Bild und sagt:
„Schau mal hier, ich habe dir ein Bild mitgebracht. Darauf ist viel zu sehen. Was siehst du? Was machen die Kinder?"

Kind spricht spontan über das Bild	ja	nein

Äußerungen des Kindes:

2. Sprachverständnis

Prüfer/Prüferin nennt einzelne Personen/Gegenstände und Situationen und fordert das Kind auf, diese zu zeigen.

„Zeige mir...?"

	zeigt stattdessen:	+	−
einen Baum			
ein Buch			
die Rutsche			
ein Kind **im** Sandkasten			
einen Jungen **mit** einer blauen Hose			
das Mädchen **auf** der Schaukel			
den Wagen **hinter** der Wippe			
den Jungen **neben** dem Klettergerüst			
eine grüne Kiste **unter** dem Brett			
das Mädchen, das den Sand in den Anhänger schüttet			

3. Sprachproduktion

Prüfer/Prüferin gibt dem Kind das Bild und sagt:
„Sage mir nun, was ich dir zeigen soll!"

Kind sagt:

1		
2		
3		
4	+	−
5		
6	+	−

4. Wortschatz/Artikulation/Begriffsbildung

4.1 Artikulation und Nomen (Gegenstände)

Prüfer/Prüferin zeigt verschiedene Gegenstände auf dem Bild und fragt:
„Was ist das?"

Gezeigter Gegenstand	Lautbildung				Wortschatz		
	Prüflaut	Ersatzlaut	+	−	Kind nennt stattdessen	+	−
Ball	B						
Da**ch**	ch_2						
Fahne	F						
Wagen	W						
Bü**ch**er	ch_1						
Sandkasten	S						
Kind	K						
Schaukel	Sch						
Ki**st**e	st						
Blume	Bl						
Klettergerüst	Kl						
Rutsche	R						
Treppe	Tr						
Krone	Kr						

4.2 Adjektive (Farben, Eigenschaften und Formen)

Prüfer/Prüferin zeigt auf Farben, Eigenschaften und Formen verschiedener Gegenstände auf dem Bild und fragt:

			Eigenschaft erkannt		Adjektiv benannt	
Welche Farbe hat/haben ...?	erw. Antwort	Antwort des Kindes	+	–	+	–
der Ball	rot					
der Pulli	gelb					
die Hose des Kindes	blau					
die Blätter des Baumes	grün					
Wie fühlt sich das an ...?						
der Teddy	weich					
das Gras	nass, weich					
das Brett	hart, kantig					
die Rutsche	hart, glatt					
Welche Form hat ...?						
der Ball	rund					
die Kiste	eckig					
das Fenster	(vier)eckig					
das Rohr	rund					

4.3 Verben (Tätigkeiten)

Prüfer/Prüferin zeigt auf bestimmte Kinder des Bildes und fragt:

„Was machen die Kinder ...?"

	erwartete Antwort	Antwort des Kindes	Tätigkeit erkannt		mit Verb benannt	
			+	–	+	–
... auf der Schaukel	Sie schaukeln.					
... auf der Rutsche	Sie rutschen.					
... im Sandkasten	Sie spielen. Sie bauen.					
... auf der Wiese	Sie lesen, sie schauen ein Buch an.					

5. Grammatik

5.1 Pluralbildung (Mehrzahl)

Prüfer/Prüferin zeigt …

Prüfer/Prüferin zeigt …	Antwort des Kindes:	+	–
… auf das Mädchen mit der Krone und sagt: *„Hier ist ein Kind."* Er/Sie zeigt dann auf die Kinder auf der Schaukel und fragt: *„Und hier sind viele …?"*	Kinder		
… zeigt auf den großen Baum und sagt: *„Hier ist ein Baum."* Er/Sie zeigt dann auf die Bäume im Hintergrund und fragt: *„Und hier sind …?"*	Bäume		
… auf den roten Ball und sagt: *„Hier ist ein Ball."* Er/Sie zeigt dann auf die Bälle neben dem Wagen und fragt: *„Und hier sind …?"*	Bälle		
… auf das Lila Auto und sagt: *„Hier ist ein Auto."* Er/Sie zeigt dann auf das rote und das blaue Auto und fragt: *„Und hier sind …?"*	Autos		
… auf eine Blume neben dem Kind mit der Krone und sagt: *„Hier ist eine Blume."* Er/Sie zeigt dann auf die anderen Blumen und fragt: *„Und hier sind …?"*	Blumen		

5.2 Satzbildung

5.2.1 Subjekt-Verb, 3. Person Singular *(Einzahl)*

Beispiel: Prüfer/Prüferin zeigt auf das schaukelnde Mädchen und sagt:
„Guck mal, das Mädchen schaukelt."

Prüfer/Prüferin zeigt …

Prüfer/Prüferin zeigt …	Antwort des Kindes:	+	–
… auf das Mädchen mit dem Teddy und fragt: *„Und was macht das Mädchen? Das Mädchen …"*	… rennt.		
… auf den Jungen auf der Schaukel und sagt: *„Was macht der Junge? Der Junge …"*	… schaukelt. … sitzt.		
… auf das Mädchen auf dem Traktor und fragt: *„Und was macht das Mädchen?"*	… fährt.		
… auf den Jungen auf der Rutsche und fragt: *„Und was macht der Junge da?"*	… rutscht.		

5.2.2 Präposition im Akkusativkontext

Prüfer/Prüferin zeigt …

	Antwort des Kindes:	+	−
… auf den Jungen auf der Rutsche und fragt: *"Wohin rutscht der Junge?"*			
	… **in den** Sandkasten.		
… auf das Mädchen auf der Leiter und fragt: *"Wohin klettert das Mädchen?"*			
	… **auf das** Dach, das Haus.		
… auf die gelbe Kiste mit dem Werkzeug und fragt: *"Wohin hat der Junge den Hammer und die Zange gelegt?"*			
	… **in die** Kiste.		

5.2.3 Präposition im Dativkontext

Prüfer/Prüferin zeigt …

	Antwort des Kindes:	+	−
… auf das Mädchen mit dem Eimer beim Traktor und fragt: *"Woher hat das Mädchen den Sand geholt?"*			
	… **aus dem** Sandkasten.		
… auf die Kinder und den Mann, die aus dem Haus kommen und fragt: *"Woher kommen die Kinder und der Mann?"*			
	… **aus dem** Haus, Zimmer.		
… auf die Kinder auf der Wippe und fragt: *"Wo sitzen die Kinder?"*			
	… **auf der** Wippe.		

5.2.4 Nebensatzbildung mit Konjunktion

Prüfer/Prüferin zeigt ...

	Antwort des Kindes:	+	−
... auf den Jungen im Rollstuhl und fragt: *„Warum sitzt der Junge im Rollstuhl?"*	... **weil** er krank ist. ... **weil** er nicht laufen kann.		
... auf das Mädchen mit der Krone und fragt: *„Warum hat das Mädchen eine Krone auf?"*	... **weil** es eine Prinzessin ist. ... **weil** es Geburtstag hat.		
...auf den weinenden Jungen und fragt: *„Warum weint der Junge?"*	... **weil** er hingefallen ist. ... **weil** die Hose kaputt ist.		

5.2.5 Partizipbildung

Prüfer/Prüferin zeigt ...

	Antwort des Kindes:	+	−
... auf das Mädchen auf dem Klettergerüst und fragt: *„Wie ist das Mädchen auf das Klettergerüst gekommen?"*	Es ist **ge**klettert.		
... auf das kleine Kind auf der Wippe und fragt: *„Wie ist das kleine Kind auf die Wippe gekommen?"*	Es ist **ge**krabbelt. Es ist **ge**klettert. Es ist **ge**hoben ...		
... auf den weinenden Jungen und fragt: *„Der Junge weint. Wie ist passiert?"*	Er ist **hinge**fallen. Er ist **ge**fallen. Er ist **ge**stürzt.		

6. Phonologische Diskriminationsfähigkeit

6.1 Auditive Wahrnehmung: „gleich oder verschieden?"

Prüfer/Prüferin sagt:
*„Ich sage dir immer zwei Wörter und du sagst mir, ob sie sich **gleich** oder **verschieden** anhören. Zum Beispiel: Haus – Haus. Haus und Haus hören sich **gleich** an. Hose – Dose. Hose und Dose hören sich **verschieden** an."*

	Kind sagt:	+	–		Kind sagt:	+	–
Hund – Tag				Keller – Teller			
Maus – Maus				Schlüssel – Schüssel			
Wand – Wind				Tanne – Tanne			
Sonne – Tonne				Tasche – Flasche			
Dach – Fach				Flieder – Flieger			

6.2 Reimwörter: *„Welche Wörter hören sich ähnlich an?"*

Prüfer/Prüferin sagt:
*„Ich sage dir immer drei Wörter, zwei davon klingen **ähnlich**. Sage mir, welche Wörter **ähnlich** klingen. Zum Beispiel: Haus – Maus – Blume. Haus und Maus klingen **ähnlich**."*

	Kind sagt:	+	–
Hose – Dose – Hemd			
Kopf – Hand – Wand			
Fisch – Hund – Tisch			

6.3 Wortlänge: *„Welches Wort ist länger?"*

Prüfer/Prüferin sagt:
*„Ich sage zwei Wörter. Welches Wort ist **länger**? Zum Beispiel: Regenjacke – Tür. Das Wort Regenjacke ist **länger**."*

	Kind sagt:	+	–
Schmetterling – Brett			
Haus – Klettergerüst			
Sandkasten – Baum			

Name:

Auswertungsbogen (4- bis 5-Jährige):

		unauffällig	erreichte Punktzahl	Förderbedarf nein	Förderbedarf ja
1.	Spontansprache				
2.	Sprachverständnis	5–9 Punkte			
3.	Sprachproduktion	4–6 Punkte			
4.	**Wortschatz/Artikulation/Begriffsbildung**				
4.1	Artikulation	8–14 Punkte			
4.1	Nomen (Gegenstände)	11–14 Punkte			
4.2	**Adjektive**				
	Farben erkannt	3–4 Punkte			
	Adjektiv benannt	1–4 Punkte			
	Eigenschaften erkannt	2–4 Punkte			
	Adjektiv benannt	1–4 Punkte			
	Formen erkannt	2–4 Punkte			
	Adjektiv benannt	1–4 Punkte			
4.3	**Verben**				
	Tätigkeit erkannt	2–4 Punkte			
	mit Verb benannt	1–4 Punkte			
5.	**Grammatik**				
5.1	Pluralbildung (Mehrzahl)	3–5 Punkte			
5.2	**Satzbildung**				
5.2.1	Subjekt-Verb, 3. Person Singular	2–4 Punkte			
5.2.2	Präposition im Akkusativkontext	1–3 Punkte			
5.2.3	Präposition im Dativkontext	1–3 Punkte			
5.2.4	Nebensatzbildung mit Konjunktion	1–3 Punkte			
5.2.5	Partizipbildung	1–3 Punkte			

ergänzende Informationen (Eltern)

ergänzende Informationen (Kindergarten, Schule) Sozial-, Spiel-, Arbeits-, Sprachverhalten

Name:

Bewertung (4- bis 5-Jährige):

Die Sprache des Kindes ist	unauffällig	**auffällig**
Eine weitere Überprüfung ist	nicht notwendig	**notwendig**

Rücksprache mit den Eltern

ist erforderlich	nein	**ja**

Weitere diagnostische Abklärungen

Hausarzt/ärztin		Sprachheilbeauftragte/r	
Kinderarzt/ärztin		Sprachheilpädagoge/in	
HNO-Arzt/ärztin		Logopäde/in	
Augenarzt/ärztin		sonstige	

Eingeleitete Maßnahmen

_____

(Datum und Unterschrift des Prüfers/der Prüferin)

Name:

Auswertungsbogen (5- bis 6-Jährige):

		unauffällig	erreichte Punktzahl	Förderbedarf nein	Förderbedarf ja
1.	Spontansprache				
2.	Sprachverständnis	6–9 Punkte			
3.	Sprachproduktion	5–6 Punkte			
4.	**Wortschatz/Artikulation/Begriffsbildung**				
4.1	Artikulation	12–14 Punkte			
4.1	Nomen (Gegenstände)	5–14 Punkte			
4.2	**Adjektive**				
	Farben erkannt	3–4 Punkte			
	Adjektiv benannt	3–4 Punkte			
	Eigenschaften erkannt	3–4 Punkte			
	Adjektiv benannt	3–4 Punkte			
	Formen erkannt	3–4 Punkte			
	Adjektiv benannt	3–4 Punkte			
4.3	**Verben**				
	Tätigkeit erkannt	3–4 Punkte			
	mit Verb benannt	3–4 Punkte			
5.	**Grammatik**				
5.1	Pluralbildung (Mehrzahl)	4–5 Punkte			
5.2	**Satzbildung**				
5.2.1	Subjekt-Verb, 3. Person Singular	3–4 Punkte			
5.2.2	Präposition im Akkusativkontext	2–3 Punkte			
5.2.3	Präposition im Dativkontext	2–3 Punkte			
5.2.4	Nebensatzbildung mit Konjunktion	2–3 Punkte			
5.2.5	Partizipbildung	2–3 Punkte			
6.	**Phonologische Diskriminationsfähigkeit**				
6.1	auditive Wahrnehmung	6–9 Punkte			
6.2	Reimwörter	1–3 Punkte			
6.3	Wortlänge	1–3 Punkte			

ergänzende Informationen (Eltern)

ergänzende Informationen (Kindergarten, Schule) Sozial-, Spiel-, Arbeits-, Sprachverhalten

Name:

Bewertung (5- bis 6-Jährige):

Die Sprache des Kindes ist	unauffällig	auffällig
Eine weitere Überprüfung ist	nicht notwendig	notwendig

Das Kind braucht nach meiner Einschätzung:

keine zusätzliche Förderung	ja
einen Deutsch-Sprachkurs	ja
sprachheilpädagogische/logopädische Förderung	ja

Rücksprache erforderlich:

mit den Eltern	nein	ja
mit dem Kindergarten	nein	ja
mit der aufnehmenden Schule	nein	ja
mit dem/der Klassenlehrer/in	nein	ja

Weitere diagnostische Abklärungen

Hausarzt/ärztin		Sprachheilbeauftragte/r	
Kinderarzt/ärztin		Sprachheilpädagoge/in	
HNO-Arzt/ärztin		Logopäde/in	
Augenarzt/ärztin		sonstige	

Eingeleitete Maßnahmen

(Datum und Unterschrift des Prüfers/der Prüferin)

**Inge Holler-Zittlau / Winfried Dux
Roswitha Berger**

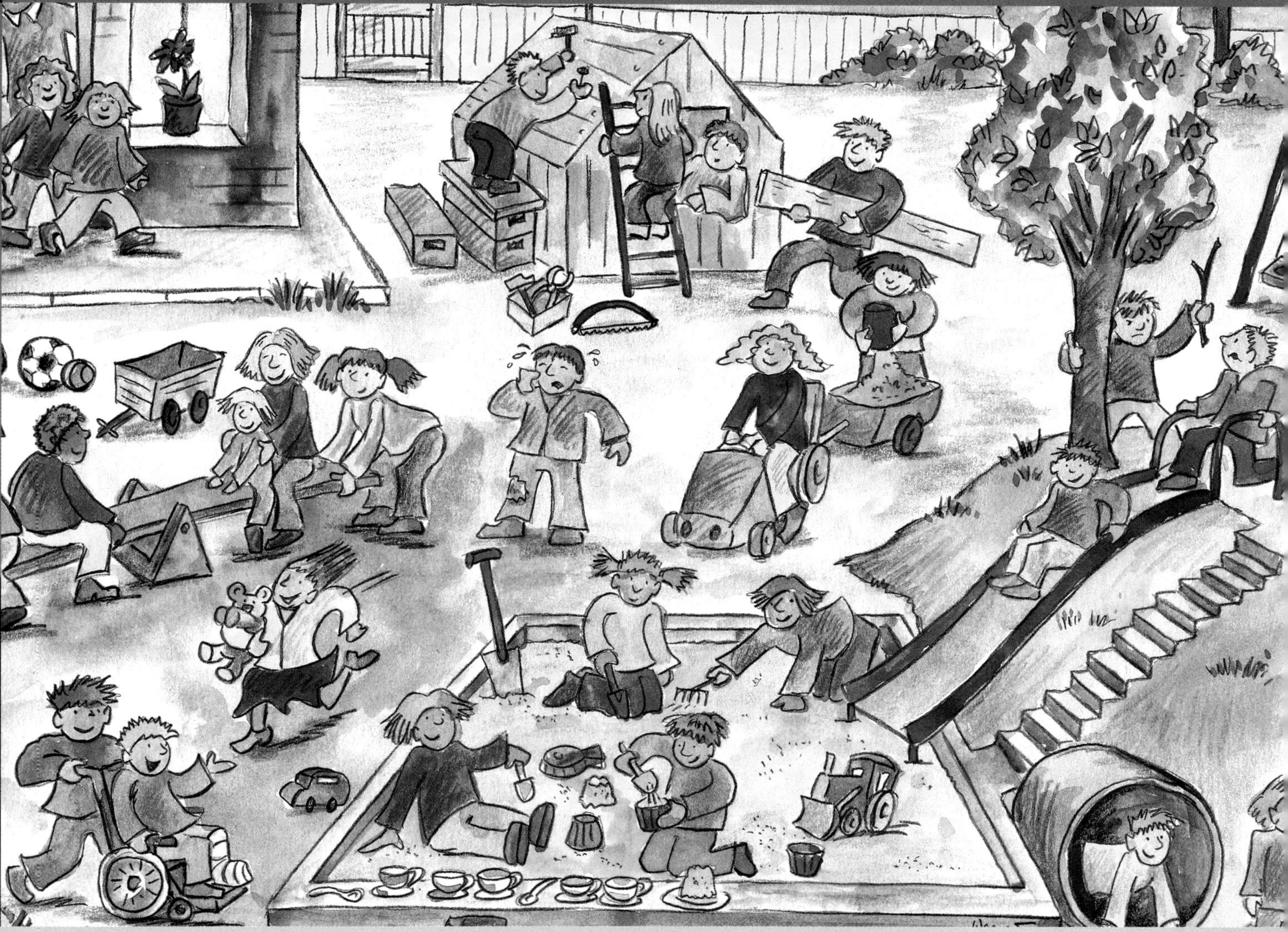

Marburger Sprach-Screening für 4- bis 6-jährige Kinder (MSS)

Ein Sprachprüfverfahren für Kindergarten und Schule

Inhalt:

- Mantelbogen
- Ergänzende Informationen (Eltern)
- Ergänzende Informationen (Kindergarten/Schule)
- Kontaktaufnahme mit dem Kind
- Überprüfung der Sprachkenntnisse
- Auswertungsbogen (4- bis 5-Jährige)
- Bewertungsbogen (4- bis 5-Jährige)
- Auswertungsbogen (5- bis 6-Jährige)
- Bewertungsbogen (5- bis 6-Jährige)

10er-Pack Testbögen

ISBN 3-89358-998-8

Mantelbogen

Einrichtung (Anschrift)	
Prüfer/Prüferin	Kind

	Jahr	Monat	Tag
Untersuchungstag			
Geburtstag des Kindes			
Alter des Kindes			

männlich	weiblich	Muttersprache: Deutsch	ja	nein
		Muttersprache:		
Welche Sprache wird in der Familie hauptsächlich gesprochen?				

Name:

Ergänzende Informationen (Eltern)

	immer	häufig	manchmal	selten	nie
Geht Ihr Kind regelmäßig in den Kindergarten?					
Geht Ihr Kind gerne in den Kindergarten?					
Erzählt Ihr Kind etwas von seinen Freunden/Freundinnen oder aus dem Kindergarten?					
Erzählt Ihr Kind gerne „kleine" Geschichten?					
Malt Ihr Kind gerne?					
Kann Ihr Kind einen Ball mit beiden Händen fangen?					
Kann Ihr Kind sich längere Zeit selbst beschäftigen?					
Ist Ihr Kind häufig erkältet?					
Haben Sie den Eindruck, dass Ihr Kind richtig hört?					

Ist bereits eine Hörüberprüfung erfolgt? Wenn ja, wann?	ja	nein
Hat die Hörüberprüfung Auffälligkeiten ergeben?	ja	nein

Besonderheiten in der körperlichen Entwicklung:

Besonderheiten in der sprachlichen Entwicklung:

Name:

Ergänzende Informationen (Kindergarten/Schule)

1. Sozial-, Spiel- und Arbeitsverhalten

	immer	häufig	manchmal	selten	nie
Das Kind nimmt aktiv am Gruppengeschehen teil.					
Das Kind spielt gerne mit anderen Kindern zusammen.					
Das Kind ist schüchtern, spielt am liebsten alleine.					
Das Kind wird wegen seiner geringen Sprachkenntnisse vom Spiel ausgeschlossen.					
Das Kind entwickelt viele Spielideen.					
Das Kind spielt Rollen- und Phantasiespiele.					
Das Kind spielt mit Material, mit dem man bauen und konstruieren muss.					
Das Kind spielt nur, wenn man ihm sagt, was es spielen soll.					
Das Kind führt Aufgaben selbstständig durch.					
Das Kind bricht bei Schwierigkeiten das Spiel ab.					
Das Kind hilft anderen Kindern.					
Das Kind zieht sich alleine Jacke und Schuhe an/aus.					
Das Kind malt gerne.					

2. Sprachverhalten

Das Kind stellt viele Fragen.					
Das Kind versteht Spiel- und Arbeitsanweisungen richtig.					
Das Kind spricht nur, wenn es aufgefordert/gefragt wird.					
Das Kind spricht nur mit der Erzieherin.					
Das Kind spricht nur mit einzelnen ausgewählten Kindern.					
Das Kind spricht sehr leise.					
Das Kind spricht oft mit lauter Stimme (es schreit).					
Das Kind vermeidet das Sprechen.					
Das Kind verständigt sich durch Gesten.					
Das Kind stottert.					

Name:

Kontaktaufnahme mit dem Kind

	Antwort des Kindes:
Wie heißt du?	
Wie alt bist du?	
Wann hast du Geburtstag?	
Wo wohnst du?	
Gehst du gern in den Kindergarten?	
Was gefällt dir dort am besten?	
Was gefällt dir dort nicht?	
Womit spielst du gerne?	
Mit wem spielst du gerne?	

Bemerkungen:

Überprüfung der Sprachkenntnisse
(Bildvorlage „Spielplatz")

1. Spontansprache

Prüfer/Prüferin zeigt dem Kind das Bild und sagt:
„Schau mal hier, ich habe dir ein Bild mitgebracht. Darauf ist viel zu sehen. Was siehst du? Was machen die Kinder?"

Kind spricht spontan über das Bild	ja	nein

Äußerungen des Kindes:

2. Sprachverständnis

Prüfer/Prüferin nennt einzelne Personen/Gegenstände und Situationen und fordert das Kind auf, diese zu zeigen.

„Zeige mir...?"

	zeigt stattdessen:	+	–
einen Baum			
ein Buch			
die Rutsche			
ein Kind **im** Sandkasten			
einen Jungen **mit** einer blauen Hose			
das Mädchen **auf** der Schaukel			
den Wagen **hinter** der Wippe			
den Jungen **neben** dem Klettergerüst			
eine grüne Kiste **unter** dem Brett			
das Mädchen, das den Sand in den Anhänger schüttet			

3. Sprachproduktion

Prüfer/Prüferin gibt dem Kind das Bild und sagt:
„Sage mir nun, was ich dir zeigen soll!"

Kind sagt:

1		
2		
3		
4	+	−
5		
6	+	−

4. Wortschatz/Artikulation/Begriffsbildung

4.1 Artikulation und Nomen (Gegenstände)

Prüfer/Prüferin zeigt verschiedene Gegenstände auf dem Bild und fragt:
„Was ist das?"

Gezeigter Gegenstand	Lautbildung				Wortschatz		
	Prüflaut	Ersatzlaut	+	−	Kind nennt stattdessen	+	−
Ball	B						
Da**ch**	ch_2						
Fahne	F						
Wagen	W						
Bü**ch**er	ch_1						
Sandkasten	S						
Kind	K						
Schaukel	Sch						
Ki**st**e	st						
Blume	Bl						
Klettergerüst	Kl						
Rutsche	R						
Treppe	Tr						
Krone	Kr						

4.2 Adjektive (Farben, Eigenschaften und Formen)

Prüfer/Prüferin zeigt auf Farben, Eigenschaften und Formen verschiedener Gegenstände auf dem Bild und fragt:

			Eigenschaft erkannt		Adjektiv benannt	
Welche Farbe hat/haben …?	erw. Antwort	Antwort des Kindes	+	−	+	−
der Ball	rot					
der Pulli	gelb					
die Hose des Kindes	blau					
die Blätter des Baumes	grün					
Wie fühlt sich das an …?						
der Teddy	weich					
das Gras	nass, weich					
das Brett	hart, kantig					
die Rutsche	hart, glatt					
Welche Form hat …?						
der Ball	rund					
die Kiste	eckig					
das Fenster	(vier)eckig					
das Rohr	rund					

4.3 Verben (Tätigkeiten)

Prüfer/Prüferin zeigt auf bestimmte Kinder des Bildes und fragt:

„Was machen die Kinder …?"

	erwartete Antwort	Antwort des Kindes	Tätigkeit erkannt		mit Verb benannt	
			+	−	+	−
… auf der Schaukel	Sie schaukeln.					
… auf der Rutsche	Sie rutschen.					
… im Sandkasten	Sie spielen. Sie bauen.					
… auf der Wiese	Sie lesen, sie schauen ein Buch an.					

5. Grammatik

5.1 Pluralbildung (Mehrzahl)

Prüfer/Prüferin zeigt …

	Antwort des Kindes:	+	−
… auf das Mädchen mit der Krone und sagt: *„Hier ist ein Kind."* Er/Sie zeigt dann auf die Kinder auf der Schaukel und fragt: *„Und hier sind viele …?"*	Kinder		
… zeigt auf den großen Baum und sagt: *„Hier ist ein Baum."* Er/Sie zeigt dann auf die Bäume im Hintergrund und fragt: *„Und hier sind …?"*	Bäume		
… auf den roten Ball und sagt: *„Hier ist ein Ball."* Er/Sie zeigt dann auf die Bälle neben dem Wagen und fragt: *„Und hier sind …?"*	Bälle		
… auf das Lila Auto und sagt: *„Hier ist ein Auto."* Er/Sie zeigt dann auf das rote und das blaue Auto und fragt: *„Und hier sind …?"*	Autos		
… auf eine Blume neben dem Kind mit der Krone und sagt: *„Hier ist eine Blume."* Er/Sie zeigt dann auf die anderen Blumen und fragt: *„Und hier sind …?"*	Blumen		

5.2 Satzbildung

5.2.1 Subjekt-Verb, 3. Person Singular *(Einzahl)*

Beispiel: Prüfer/Prüferin zeigt auf das schaukelnde Mädchen und sagt:
„Guck mal, das Mädchen schaukelt."

Prüfer/Prüferin zeigt …

	Antwort des Kindes:	+	−
… auf das Mädchen mit dem Teddy und fragt: *„Und was macht das Mädchen? Das Mädchen …"*	… rennt.		
… auf den Jungen auf der Schaukel und sagt: *„Was macht der Junge? Der Junge …"*	… schaukelt. … sitzt.		
… auf das Mädchen auf dem Traktor und fragt: *„Und was macht das Mädchen?"*	… fährt.		
… auf den Jungen auf der Rutsche und fragt: *„Und was macht der Junge da?"*	… rutscht.		

5.2.2 Präposition im Akkusativkontext

Prüfer/Prüferin zeigt …

	Antwort des Kindes:	+	−
… auf den Jungen auf der Rutsche und fragt: *„**Wohin** rutscht der Junge?"*	… **in den** Sandkasten.		
… auf das Mädchen auf der Leiter und fragt: *„**Wohin** klettert das Mädchen?"*	… **auf das** Dach, das Haus.		
… auf die gelbe Kiste mit dem Werkzeug und fragt: *„**Wohin** hat der Junge den Hammer und die Zange gelegt?"*	… **in die** Kiste.		

5.2.3 Präposition im Dativkontext

Prüfer/Prüferin zeigt …

	Antwort des Kindes:	+	−
… auf das Mädchen mit dem Eimer beim Traktor und fragt: *„**Woher** hat das Mädchen den Sand geholt?"*	… **aus dem** Sandkasten.		
… auf die Kinder und den Mann, die aus dem Haus kommen und fragt: *„**Woher** kommen die Kinder und der Mann?"*	… **aus dem** Haus, Zimmer.		
… auf die Kinder auf der Wippe und fragt: *„**Wo** sitzen die Kinder?"*	… **auf der** Wippe.		

5.2.4 Nebensatzbildung mit Konjunktion

Prüfer/Prüferin zeigt …

	Antwort des Kindes:	+	–
… auf den Jungen im Rollstuhl und fragt: *„Warum sitzt der Junge im Rollstuhl?"*	… **weil** er krank ist. … **weil** er nicht laufen kann.		
… auf das Mädchen mit der Krone und fragt: *„Warum hat das Mädchen eine Krone auf?"*	… **weil** es eine Prinzessin ist. … **weil** es Geburtstag hat.		
…auf den weinenden Jungen und fragt: *„Warum weint der Junge?"*	… **weil** er hingefallen ist. … **weil** die Hose kaputt ist.		

5.2.5 Partizipbildung

Prüfer/Prüferin zeigt …

	Antwort des Kindes:	+	–
… auf das Mädchen auf dem Klettergerüst und fragt: *„Wie ist das Mädchen auf das Klettergerüst gekommen?"*	Es ist **ge**klettert.		
… auf das kleine Kind auf der Wippe und fragt: *„Wie ist das kleine Kind auf die Wippe gekommen?"*	Es ist **ge**krabbelt. Es ist **ge**klettert. Es ist **ge**hoben …		
… auf den weinenden Jungen und fragt: *„Der Junge weint. Wie ist passiert?"*	Er ist **hinge**fallen. Er ist **ge**fallen. Er ist **ge**stürzt.		

6. Phonologische Diskriminationsfähigkeit

6.1 Auditive Wahrnehmung: „gleich oder verschieden?"

Prüfer/Prüferin sagt:
„*Ich sage dir immer zwei Wörter und du sagst mir, ob sie sich **gleich** oder **verschieden** anhören. Zum Beispiel: Haus – Haus. Haus und Haus hören sich **gleich** an. Hose – Dose. Hose und Dose hören sich **verschieden** an.*"

	Kind sagt:	+	–		Kind sagt:	+	–
Hund – Tag				Keller – Teller			
Maus – Maus				Schlüssel – Schüssel			
Wand – Wind				Tanne – Tanne			
Sonne – Tonne				Tasche – Flasche			
Dach – Fach				Flieder – Flieger			

6.2 Reimwörter: *„Welche Wörter hören sich ähnlich an?"*

Prüfer/Prüferin sagt:
„*Ich sage dir immer drei Wörter, zwei davon klingen **ähnlich**. Sage mir, welche Wörter **ähnlich** klingen. Zum Beispiel: Haus – Maus – Blume. Haus und Maus klingen **ähnlich**.*"

	Kind sagt:	+	–
Hose – Dose – Hemd			
Kopf – Hand – Wand			
Fisch – Hund – Tisch			

6.3 Wortlänge: *„Welches Wort ist länger?"*

Prüfer/Prüferin sagt:
„*Ich sage zwei Wörter. Welches Wort ist **länger**? Zum Beispiel: Regenjacke – Tür. Das Wort Regenjacke ist **länger**.*"

	Kind sagt:	+	–
Schmetterling – Brett			
Haus – Klettergerüst			
Sandkasten – Baum			

Name:

Auswertungsbogen (4- bis 5-Jährige):

		unauffällig	erreichte Punktzahl	Förderbedarf nein	Förderbedarf ja
1.	Spontansprache				
2.	Sprachverständnis	5–9 Punkte			
3.	Sprachproduktion	4–6 Punkte			
4.	**Wortschatz/Artikulation/Begriffsbildung**				
4.1	Artikulation	8–14 Punkte			
4.1	Nomen (Gegenstände)	11–14 Punkte			
4.2	**Adjektive**				
	Farben erkannt	3–4 Punkte			
	Adjektiv benannt	1–4 Punkte			
	Eigenschaften erkannt	2–4 Punkte			
	Adjektiv benannt	1–4 Punkte			
	Formen erkannt	2–4 Punkte			
	Adjektiv benannt	1–4 Punkte			
4.3	**Verben**				
	Tätigkeit erkannt	2–4 Punkte			
	mit Verb benannt	1–4 Punkte			
5.	**Grammatik**				
5.1	Pluralbildung (Mehrzahl)	3–5 Punkte			
5.2	**Satzbildung**				
5.2.1	Subjekt-Verb, 3. Person Singular	2–4 Punkte			
5.2.2	Präposition im Akkusativkontext	1–3 Punkte			
5.2.3	Präposition im Dativkontext	1–3 Punkte			
5.2.4	Nebensatzbildung mit Konjunktion	1–3 Punkte			
5.2.5	Partizipbildung	1–3 Punkte			

ergänzende Informationen (Eltern)

ergänzende Informationen (Kindergarten, Schule) Sozial-, Spiel-, Arbeits-, Sprachverhalten

Name:

Bewertung (4- bis 5-Jährige):

Die Sprache des Kindes ist	unauffällig	**auffällig**
Eine weitere Überprüfung ist	nicht notwendig	notwendig

Rücksprache mit den Eltern

ist erforderlich	nein	ja

Weitere diagnostische Abklärungen

Hausarzt/ärztin		Sprachheilbeauftragte/r	
Kinderarzt/ärztin		Sprachheilpädagoge/in	
HNO-Arzt/ärztin		Logopäde/in	
Augenarzt/ärztin		sonstige	

Eingeleitete Maßnahmen

(Datum und Unterschrift des Prüfers/der Prüferin)

Name:

Auswertungsbogen (5- bis 6-Jährige):

		unauffällig	erreichte Punktzahl	Förderbedarf nein	Förderbedarf ja
1.	Spontansprache				
2.	Sprachverständnis	6–9 Punkte			
3.	Sprachproduktion	5–6 Punkte			
4.	**Wortschatz/Artikulation/Begriffsbildung**				
4.1	Artikulation	12–14 Punkte			
4.1	Nomen (Gegenstände)	5–14 Punkte			
4.2	**Adjektive**				
	Farben erkannt	3–4 Punkte			
	Adjektiv benannt	3–4 Punkte			
	Eigenschaften erkannt	3–4 Punkte			
	Adjektiv benannt	3–4 Punkte			
	Formen erkannt	3–4 Punkte			
	Adjektiv benannt	3–4 Punkte			
4.3	**Verben**				
	Tätigkeit erkannt	3–4 Punkte			
	mit Verb benannt	3–4 Punkte			
5.	**Grammatik**				
5.1	Pluralbildung (Mehrzahl)	4–5 Punkte			
5.2	**Satzbildung**				
5.2.1	Subjekt-Verb, 3. Person Singular	3–4 Punkte			
5.2.2	Präposition im Akkusativkontext	2–3 Punkte			
5.2.3	Präposition im Dativkontext	2–3 Punkte			
5.2.4	Nebensatzbildung mit Konjunktion	2–3 Punkte			
5.2.5	Partizipbildung	2–3 Punkte			
6.	**Phonologische Diskriminationsfähigkeit**				
6.1	auditive Wahrnehmung	6–9 Punkte			
6.2	Reimwörter	1–3 Punkte			
6.3	Wortlänge	1–3 Punkte			

ergänzende Informationen (Eltern)

ergänzende Informationen (Kindergarten, Schule) Sozial-, Spiel-, Arbeits-, Sprachverhalten

Name:

Bewertung (5- bis 6-Jährige):

Die Sprache des Kindes ist	unauffällig	**auffällig**
Eine weitere Überprüfung ist	nicht notwendig	notwendig

Das Kind braucht nach meiner Einschätzung:

keine zusätzliche Förderung	ja
einen Deutsch-Sprachkurs	ja
sprachheilpädagogische/logopädische Förderung	ja

Rücksprache erforderlich:

mit den Eltern	nein	ja
mit dem Kindergarten	nein	ja
mit der aufnehmenden Schule	nein	ja
mit dem/der Klassenlehrer/in	nein	ja

Weitere diagnostische Abklärungen

Hausarzt/ärztin		Sprachheilbeauftragte/r	
Kinderarzt/ärztin		Sprachheilpädagoge/in	
HNO-Arzt/ärztin		Logopäde/in	
Augenarzt/ärztin		sonstige	

Eingeleitete Maßnahmen

(Datum und Unterschrift des Prüfers/der Prüferin)

Inge Holler-Zittlau / Winfried Dux
Roswitha Berger

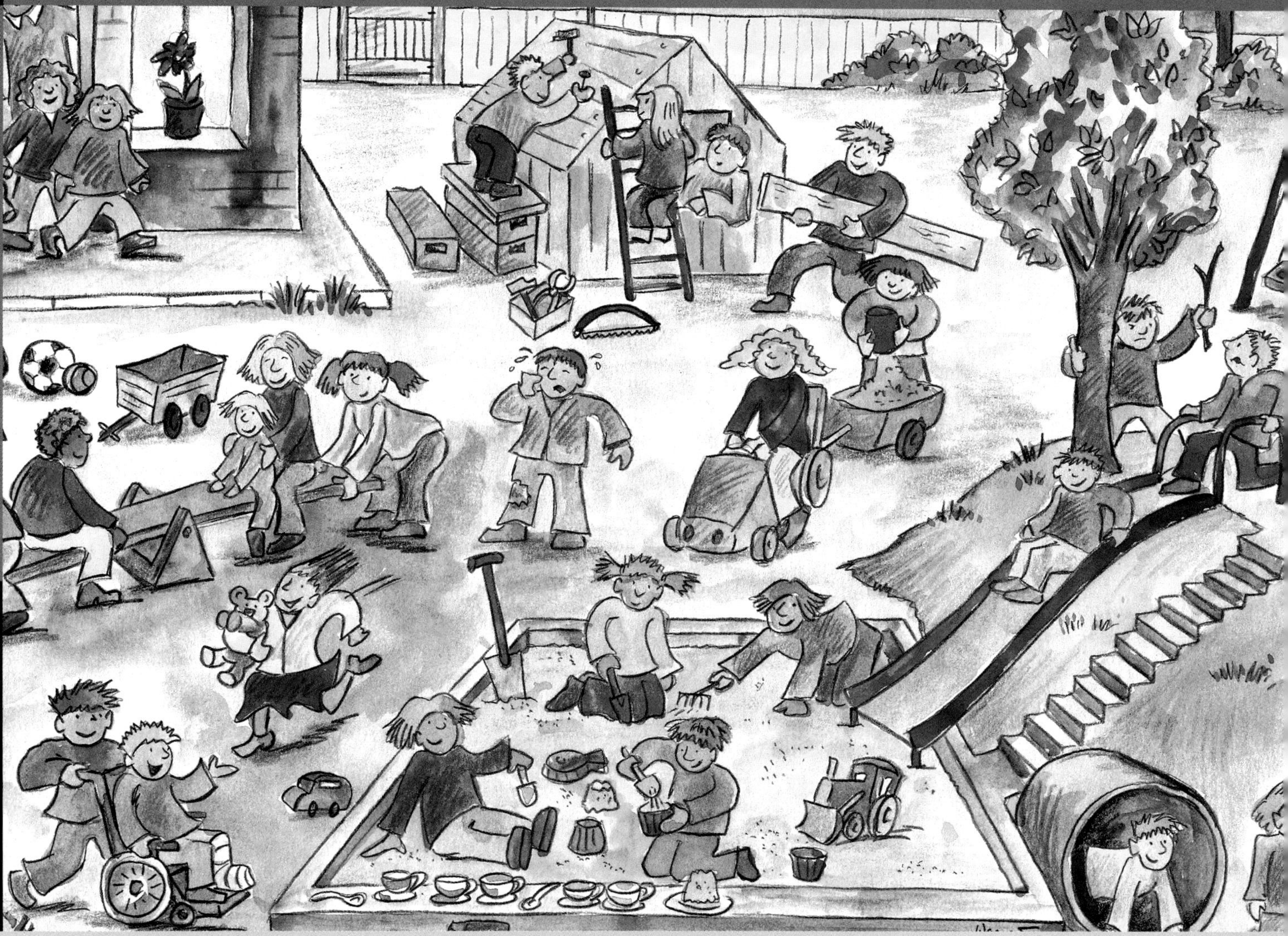

Marburger Sprach-Screening für 4- bis 6-jährige Kinder (MSS)

Ein Sprachprüfverfahren für Kindergarten und Schule

Inhalt:
- Mantelbogen
- Ergänzende Informationen (Eltern)
- Ergänzende Informationen (Kindergarten/Schule)
- Kontaktaufnahme mit dem Kind
- Überprüfung der Sprachkenntnisse
- Auswertungsbogen (4- bis 5-Jährige)
- Bewertungsbogen (4- bis 5-Jährige)
- Auswertungsbogen (5- bis 6-Jährige)
- Bewertungsbogen (5- bis 6-Jährige)

10er-Pack Testbögen

ISBN 3-89358-998-8

Mantelbogen

Einrichtung (Anschrift)	
Prüfer/Prüferin	Kind

	Jahr	Monat	Tag
Untersuchungstag			
Geburtstag des Kindes			
Alter des Kindes			

männlich	weiblich	Muttersprache: Deutsch	ja	nein
		Muttersprache:		
Welche Sprache wird in der Familie hauptsächlich gesprochen?					

Name:

Ergänzende Informationen (Eltern)

	immer	häufig	manchmal	selten	nie
Geht Ihr Kind regelmäßig in den Kindergarten?					
Geht Ihr Kind gerne in den Kindergarten?					
Erzählt Ihr Kind etwas von seinen Freunden/Freundinnen oder aus dem Kindergarten?					
Erzählt Ihr Kind gerne „kleine" Geschichten?					
Malt Ihr Kind gerne?					
Kann Ihr Kind einen Ball mit beiden Händen fangen?					
Kann Ihr Kind sich längere Zeit selbst beschäftigen?					
Ist Ihr Kind häufig erkältet?					
Haben Sie den Eindruck, dass Ihr Kind richtig hört?					

Ist bereits eine Hörüberprüfung erfolgt? Wenn ja, wann?	ja	nein
Hat die Hörüberprüfung Auffälligkeiten ergeben?	ja	nein

Besonderheiten in der körperlichen Entwicklung:

Besonderheiten in der sprachlichen Entwicklung:

Name:

Ergänzende Informationen (Kindergarten/Schule)

1. Sozial-, Spiel- und Arbeitsverhalten

	immer	häufig	manchmal	selten	nie
Das Kind nimmt aktiv am Gruppengeschehen teil.					
Das Kind spielt gerne mit anderen Kindern zusammen.					
Das Kind ist schüchtern, spielt am liebsten alleine.					
Das Kind wird wegen seiner geringen Sprachkenntnisse vom Spiel ausgeschlossen.					
Das Kind entwickelt viele Spielideen.					
Das Kind spielt Rollen- und Phantasiespiele.					
Das Kind spielt mit Material, mit dem man bauen und konstruieren muss.					
Das Kind spielt nur, wenn man ihm sagt, was es spielen soll.					
Das Kind führt Aufgaben selbstständig durch.					
Das Kind bricht bei Schwierigkeiten das Spiel ab.					
Das Kind hilft anderen Kindern.					
Das Kind zieht sich alleine Jacke und Schuhe an/aus.					
Das Kind malt gerne.					

2. Sprachverhalten

	immer	häufig	manchmal	selten	nie
Das Kind stellt viele Fragen.					
Das Kind versteht Spiel- und Arbeitsanweisungen richtig.					
Das Kind spricht nur, wenn es aufgefordert/gefragt wird.					
Das Kind spricht nur mit der Erzieherin.					
Das Kind spricht nur mit einzelnen ausgewählten Kindern.					
Das Kind spricht sehr leise.					
Das Kind spricht oft mit lauter Stimme (es schreit).					
Das Kind vermeidet das Sprechen.					
Das Kind verständigt sich durch Gesten.					
Das Kind stottert.					

Name:

Kontaktaufnahme mit dem Kind

	Antwort des Kindes:
Wie heißt du?	
Wie alt bist du?	
Wann hast du Geburtstag?	
Wo wohnst du?	
Gehst du gern in den Kindergarten?	
Was gefällt dir dort am besten?	
Was gefällt dir dort nicht?	
Womit spielst du gerne?	
Mit wem spielst du gerne?	

Bemerkungen:

Überprüfung der Sprachkenntnisse
(Bildvorlage „Spielplatz")

1. Spontansprache

Prüfer/Prüferin zeigt dem Kind das Bild und sagt:
„Schau mal hier, ich habe dir ein Bild mitgebracht. Darauf ist viel zu sehen. Was siehst du? Was machen die Kinder?"

Kind spricht spontan über das Bild	ja	nein

Äußerungen des Kindes:

2. Sprachverständnis

Prüfer/Prüferin nennt einzelne Personen/Gegenstände und Situationen und fordert das Kind auf, diese zu zeigen.

„Zeige mir…?"

	zeigt stattdessen:	+	−
einen Baum			
ein Buch			
die Rutsche			
*ein Kind **im** Sandkasten*			
*einen Jungen **mit** einer blauen Hose*			
*das Mädchen **auf** der Schaukel*			
*den Wagen **hinter** der Wippe*			
*den Jungen **neben** dem Klettergerüst*			
*eine grüne Kiste **unter** dem Brett*			
das Mädchen, das den Sand in den Anhänger schüttet			

3. Sprachproduktion

Prüfer/Prüferin gibt dem Kind das Bild und sagt:
„Sage mir nun, was ich dir zeigen soll!"

Kind sagt:

1		
2		
3		
4	+	–
5		
6	+	–

4. Wortschatz/Artikulation/Begriffsbildung

4.1 Artikulation und Nomen (Gegenstände)

Prüfer/Prüferin zeigt verschiedene Gegenstände auf dem Bild und fragt:
„Was ist das?"

	Lautbildung				Wortschatz		
Gezeigter Gegenstand	Prüflaut	Ersatzlaut	+	–	Kind nennt stattdessen	+	–
Ball	B						
Da**ch**	ch_2						
Fahne	F						
Wagen	W						
Bü**ch**er	ch_1						
Sandkasten	S						
Kind	K						
Schaukel	Sch						
Ki**st**e	st						
Blume	Bl						
Klettergerüst	Kl						
Rutsche	R						
Treppe	Tr						
Krone	Kr						

4.2 Adjektive (Farben, Eigenschaften und Formen)

Prüfer/Prüferin zeigt auf Farben, Eigenschaften und Formen verschiedener Gegenstände auf dem Bild und fragt:

			Eigenschaft erkannt		Adjektiv benannt	
Welche Farbe hat/haben …?	erw. Antwort	Antwort des Kindes	+	−	+	−
der Ball	rot					
der Pulli	gelb					
die Hose des Kindes	blau					
die Blätter des Baumes	grün					
Wie fühlt sich das an …?						
der Teddy	weich					
das Gras	nass, weich					
das Brett	hart, kantig					
die Rutsche	hart, glatt					
Welche Form hat …?						
der Ball	rund					
die Kiste	eckig					
das Fenster	(vier)eckig					
das Rohr	rund					

4.3 Verben (Tätigkeiten)

Prüfer/Prüferin zeigt auf bestimmte Kinder des Bildes und fragt:

„Was machen die Kinder …?"

			Tätigkeit erkannt		mit Verb benannt	
	erwartete Antwort	Antwort des Kindes	+	−	+	−
… auf der Schaukel	Sie schaukeln.					
… auf der Rutsche	Sie rutschen.					
… im Sandkasten	Sie spielen. Sie bauen.					
… auf der Wiese	Sie lesen, sie schauen ein Buch an.					

5. Grammatik

5.1 Pluralbildung (Mehrzahl)

Prüfer/Prüferin zeigt …

	Antwort des Kindes:	+	−
… auf das Mädchen mit der Krone und sagt: *„Hier ist ein Kind."* Er/Sie zeigt dann auf die Kinder auf der Schaukel und fragt: *„Und hier sind viele …?"*	Kinder		
… zeigt auf den großen Baum und sagt: *„Hier ist ein Baum."* Er/Sie zeigt dann auf die Bäume im Hintergrund und fragt: *„Und hier sind …?"*	Bäume		
… auf den roten Ball und sagt: *„Hier ist ein Ball."* Er/Sie zeigt dann auf die Bälle neben dem Wagen und fragt: *„Und hier sind …?"*	Bälle		
… auf das Lila Auto und sagt: *„Hier ist ein Auto."* Er/Sie zeigt dann auf das rote und das blaue Auto und fragt: *„Und hier sind …?"*	Autos		
… auf eine Blume neben dem Kind mit der Krone und sagt: *„Hier ist eine Blume."* Er/Sie zeigt dann auf die anderen Blumen und fragt: *„Und hier sind …?"*	Blumen		

5.2 Satzbildung

5.2.1 Subjekt-Verb, 3. Person Singular (Einzahl)

Beispiel: Prüfer/Prüferin zeigt auf das schaukelnde Mädchen und sagt: *„Guck mal, das Mädchen schaukelt."*

Prüfer/Prüferin zeigt …

	Antwort des Kindes:	+	−
… auf das Mädchen mit dem Teddy und fragt: *„Und was macht das Mädchen? Das Mädchen …"*	… rennt.		
… auf den Jungen auf der Schaukel und sagt: *„Was macht der Junge? Der Junge …"*	… schaukelt. … sitzt.		
… auf das Mädchen auf dem Traktor und fragt: *„Und was macht das Mädchen?"*	… fährt.		
… auf den Jungen auf der Rutsche und fragt: *„Und was macht der Junge da?"*	… rutscht.		

5.2.2 Präposition im Akkusativkontext

Prüfer/Prüferin zeigt …

	Antwort des Kindes:	+	−
… auf den Jungen auf der Rutsche und fragt: *"**Wohin** rutscht der Junge?"*			
	… **in den** Sandkasten.		
… auf das Mädchen auf der Leiter und fragt: *"**Wohin** klettert das Mädchen?"*			
	… **auf das** Dach, das Haus.		
… auf die gelbe Kiste mit dem Werkzeug und fragt: *"**Wohin** hat der Junge den Hammer und die Zange gelegt?"*			
	… **in die** Kiste.		

5.2.3 Präposition im Dativkontext

Prüfer/Prüferin zeigt …

	Antwort des Kindes:	+	−
… auf das Mädchen mit dem Eimer beim Traktor und fragt: *"**Woher** hat das Mädchen den Sand geholt?"*			
	… **aus dem** Sandkasten.		
… auf die Kinder und den Mann, die aus dem Haus kommen und fragt: *"**Woher** kommen die Kinder und der Mann?"*			
	… **aus dem** Haus, Zimmer.		
… auf die Kinder auf der Wippe und fragt: *"**Wo** sitzen die Kinder?"*			
	… **auf der** Wippe.		

5.2.4 Nebensatzbildung mit Konjunktion

Prüfer/Prüferin zeigt …

	Antwort des Kindes:	+	−
… auf den Jungen im Rollstuhl und fragt: *„Warum sitzt der Junge im Rollstuhl?"*	… **wei**l er krank ist. … **wei**l er nicht laufen kann.		
… auf das Mädchen mit der Krone und fragt: *„Warum hat das Mädchen eine Krone auf?"*	… **weil** es eine Prinzessin ist. … **weil** es Geburtstag hat.		
…auf den weinenden Jungen und fragt: *„Warum weint der Junge?"*	… **weil** er hingefallen ist. … **weil** die Hose kaputt ist.		

5.2.5 Partizipbildung

Prüfer/Prüferin zeigt …

	Antwort des Kindes:	+	−
… auf das Mädchen auf dem Klettergerüst und fragt: *„Wie ist das Mädchen auf das Klettergerüst gekommen?"*	Es ist **ge**klettert.		
… auf das kleine Kind auf der Wippe und fragt: *„Wie ist das kleine Kind auf die Wippe gekommen?"*	Es ist **ge**krabbelt. Es ist **ge**klettert. Es ist **ge**hoben …		
… auf den weinenden Jungen und fragt: *„Der Junge weint. Wie ist passiert?"*	Er ist **hinge**fallen. Er ist **ge**fallen. Er ist **ge**stürzt.		

11

6. Phonologische Diskriminationsfähigkeit

6.1 Auditive Wahrnehmung: „gleich oder verschieden?"

Prüfer/Prüferin sagt:
„Ich sage dir immer zwei Wörter und du sagst mir, ob sie sich **gleich** oder **verschieden** anhören. Zum Beispiel: Haus – Haus. Haus und Haus hören sich **gleich** an. Hose – Dose. Hose und Dose hören sich **verschieden** an."

	Kind sagt:	+	–		Kind sagt:	+	–
Hund – Tag				Keller – Teller			
Maus – Maus				Schlüssel – Schüssel			
Wand – Wind				Tanne – Tanne			
Sonne – Tonne				Tasche – Flasche			
Dach – Fach				Flieder – Flieger			

6.2 Reimwörter: *„Welche Wörter hören sich ähnlich an?"*

Prüfer/Prüferin sagt:
„Ich sage dir immer drei Wörter, zwei davon klingen **ähnlich**. Sage mir, welche Wörter **ähnlich** klingen. Zum Beispiel: Haus – Maus – Blume. Haus und Maus klingen **ähnlich**."

	Kind sagt:	+	–
Hose – Dose – Hemd			
Kopf – Hand – Wand			
Fisch – Hund – Tisch			

6.3 Wortlänge: *„Welches Wort ist länger?"*

Prüfer/Prüferin sagt:
„Ich sage zwei Wörter. Welches Wort ist **länger**? Zum Beispiel: Regenjacke – Tür. Das Wort Regenjacke ist **länger**."

	Kind sagt:	+	–
Schmetterling – Brett			
Haus – Klettergerüst			
Sandkasten – Baum			

	Name:

Auswertungsbogen (4- bis 5-Jährige):

		unauffällig	erreichte Punktzahl	Förderbedarf	
				nein	ja
1.	Spontansprache				
2.	Sprachverständnis	5–9 Punkte			
3.	Sprachproduktion	4–6 Punkte			
4.	**Wortschatz/Artikulation/Begriffsbildung**				
4.1	Artikulation	8–14 Punkte			
4.1	Nomen (Gegenstände)	11–14 Punkte			
4.2	**Adjektive**				
	Farben erkannt	3–4 Punkte			
	Adjektiv benannt	1–4 Punkte			
	Eigenschaften erkannt	2–4 Punkte			
	Adjektiv benannt	1–4 Punkte			
	Formen erkannt	2–4 Punkte			
	Adjektiv benannt	1–4 Punkte			
4.3	**Verben**				
	Tätigkeit erkannt	2–4 Punkte			
	mit Verb benannt	1–4 Punkte			
5.	**Grammatik**				
5.1	Pluralbildung (Mehrzahl)	3–5 Punkte			
5.2	**Satzbildung**				
5.2.1	Subjekt-Verb, 3. Person Singular	2–4 Punkte			
5.2.2	Präposition im Akkusativkontext	1–3 Punkte			
5.2.3	Präposition im Dativkontext	1–3 Punkte			
5.2.4	Nebensatzbildung mit Konjunktion	1–3 Punkte			
5.2.5	Partizipbildung	1–3 Punkte			

ergänzende Informationen (Eltern)

ergänzende Informationen (Kindergarten, Schule) Sozial-, Spiel-, Arbeits-, Sprachverhalten

Name:

Bewertung (4- bis 5-Jährige):

Die Sprache des Kindes ist	unauffällig	**auffällig**
Eine weitere Überprüfung ist	nicht notwendig	**notwendig**

Rücksprache mit den Eltern

ist erforderlich	nein	**ja**

Weitere diagnostische Abklärungen

Hausarzt/ärztin		Sprachheilbeauftragte/r	
Kinderarzt/ärztin		Sprachheilpädagoge/in	
HNO-Arzt/ärztin		Logopäde/in	
Augenarzt/ärztin		sonstige	

Eingeleitete Maßnahmen

(Datum und Unterschrift des Prüfers/der Prüferin)

Name:

Auswertungsbogen (5- bis 6-Jährige):

		unauffällig	erreichte Punktzahl	Förderbedarf nein	Förderbedarf ja
1.	Spontansprache				
2.	Sprachverständnis	6–9 Punkte			
3.	Sprachproduktion	5–6 Punkte			
4.	**Wortschatz/Artikulation/Begriffsbildung**				
4.1	Artikulation	12–14 Punkte			
4.1	Nomen (Gegenstände)	5–14 Punkte			
4.2	**Adjektive**				
	Farben erkannt	3–4 Punkte			
	Adjektiv benannt	3–4 Punkte			
	Eigenschaften erkannt	3–4 Punkte			
	Adjektiv benannt	3–4 Punkte			
	Formen erkannt	3–4 Punkte			
	Adjektiv benannt	3–4 Punkte			
4.3	**Verben**				
	Tätigkeit erkannt	3–4 Punkte			
	mit Verb benannt	3–4 Punkte			
5.	**Grammatik**				
5.1	Pluralbildung (Mehrzahl)	4–5 Punkte			
5.2	**Satzbildung**				
5.2.1	Subjekt-Verb, 3. Person Singular	3–4 Punkte			
5.2.2	Präposition im Akkusativkontext	2–3 Punkte			
5.2.3	Präposition im Dativkontext	2–3 Punkte			
5.2.4	Nebensatzbildung mit Konjunktion	2–3 Punkte			
5.2.5	Partizipbildung	2–3 Punkte			
6.	**Phonologische Diskriminationsfähigkeit**				
6.1	auditive Wahrnehmung	6–9 Punkte			
6.2	Reimwörter	1–3 Punkte			
6.3	Wortlänge	1–3 Punkte			

ergänzende Informationen (Eltern)

ergänzende Informationen (Kindergarten, Schule) Sozial-, Spiel-, Arbeits-, Sprachverhalten

Name:

Bewertung (5- bis 6-Jährige):

Die Sprache des Kindes ist	unauffällig	**auffällig**
Eine weitere Überprüfung ist	nicht notwendig	**notwendig**

Das Kind braucht nach meiner Einschätzung:

keine zusätzliche Förderung	ja
einen Deutsch-Sprachkurs	ja
sprachheilpädagogische/logopädische Förderung	ja

Rücksprache erforderlich:

mit den Eltern	nein	ja
mit dem Kindergarten	nein	ja
mit der aufnehmenden Schule	nein	ja
mit dem/der Klassenlehrer/in	nein	ja

Weitere diagnostische Abklärungen

Hausarzt/ärztin		Sprachheilbeauftragte/r	
Kinderarzt/ärztin		Sprachheilpädagoge/in	
HNO-Arzt/ärztin		Logopäde/in	
Augenarzt/ärztin		sonstige	

Eingeleitete Maßnahmen

(Datum und Unterschrift des Prüfers/der Prüferin)

Inge Holler-Zittlau / Winfried Dux
Roswitha Berger

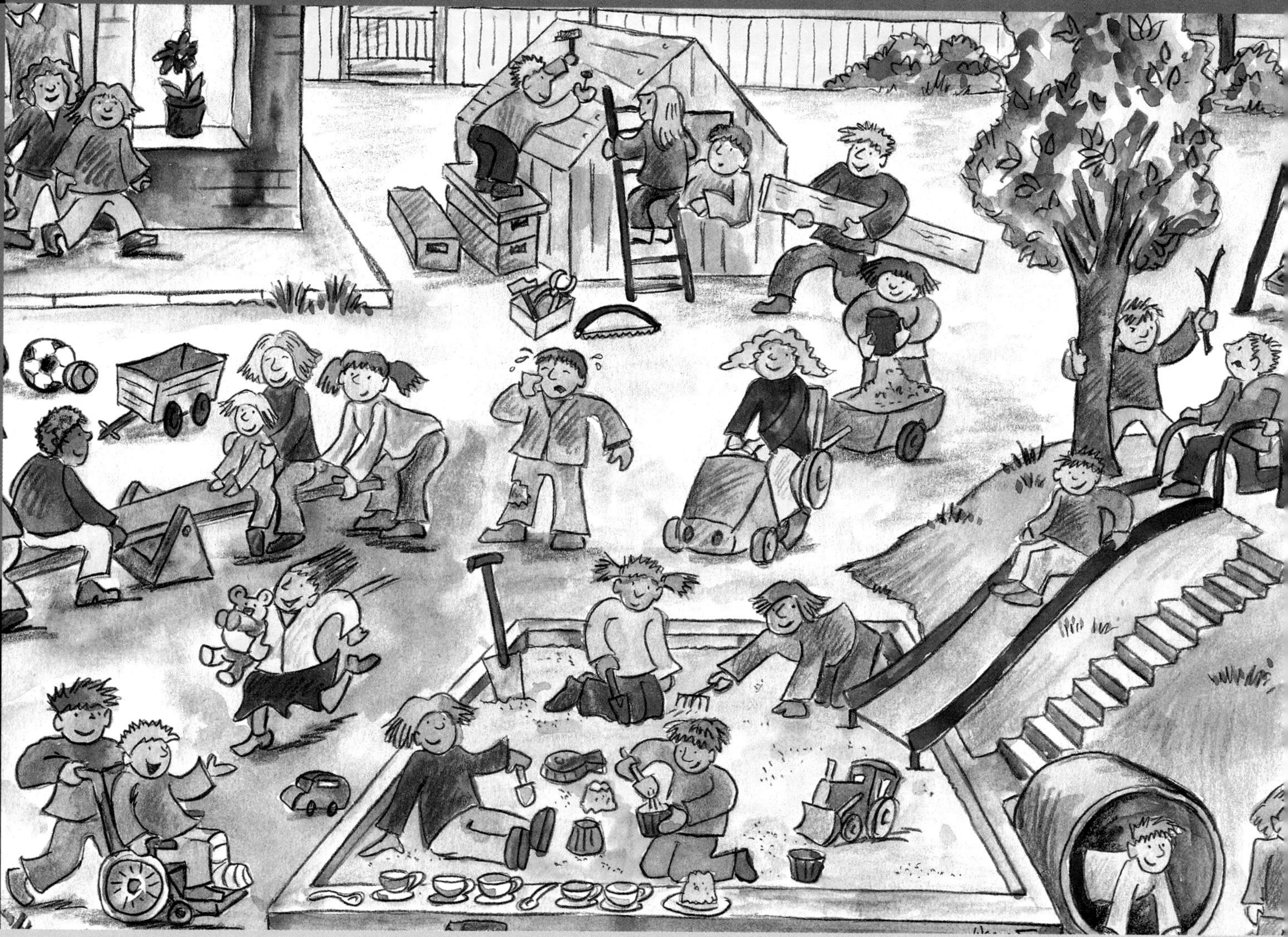

Marburger Sprach-Screening für 4- bis 6-jährige Kinder (MSS)

Ein Sprachprüfverfahren für Kindergarten und Schule

Inhalt:
- Mantelbogen
- Ergänzende Informationen (Eltern)
- Ergänzende Informationen (Kindergarten/Schule)
- Kontaktaufnahme mit dem Kind
- Überprüfung der Sprachkenntnisse
- Auswertungsbogen (4- bis 5-Jährige)
- Bewertungsbogen (4- bis 5-Jährige)
- Auswertungsbogen (5- bis 6-Jährige)
- Bewertungsbogen (5- bis 6-Jährige)

10er-Pack Testbögen

ISBN 3-89358-**998**-8

Mantelbogen

Einrichtung (Anschrift)	
Prüfer/Prüferin	Kind

	Jahr	Monat	Tag
Untersuchungstag			
Geburtstag des Kindes			
Alter des Kindes			

männlich	weiblich	Muttersprache: Deutsch	ja	nein
		Muttersprache:		
Welche Sprache wird in der Familie hauptsächlich gesprochen?				

Name:

Ergänzende Informationen (Eltern)

	immer	häufig	manchmal	selten	nie
Geht Ihr Kind regelmäßig in den Kindergarten?					
Geht Ihr Kind gerne in den Kindergarten?					
Erzählt Ihr Kind etwas von seinen Freunden/Freundinnen oder aus dem Kindergarten?					
Erzählt Ihr Kind gerne „kleine" Geschichten?					
Malt Ihr Kind gerne?					
Kann Ihr Kind einen Ball mit beiden Händen fangen?					
Kann Ihr Kind sich längere Zeit selbst beschäftigen?					
Ist Ihr Kind häufig erkältet?					
Haben Sie den Eindruck, dass Ihr Kind richtig hört?					

Ist bereits eine Hörüberprüfung erfolgt? Wenn ja, wann?	ja	nein
Hat die Hörüberprüfung Auffälligkeiten ergeben?	ja	nein

Besonderheiten in der körperlichen Entwicklung:

Besonderheiten in der sprachlichen Entwicklung:

Name:

Ergänzende Informationen (Kindergarten/Schule)

1. Sozial-, Spiel- und Arbeitsverhalten

	immer	häufig	manchmal	selten	nie
Das Kind nimmt aktiv am Gruppengeschehen teil.					
Das Kind spielt gerne mit anderen Kindern zusammen.					
Das Kind ist schüchtern, spielt am liebsten alleine.					
Das Kind wird wegen seiner geringen Sprachkenntnisse vom Spiel ausgeschlossen.					
Das Kind entwickelt viele Spielideen.					
Das Kind spielt Rollen- und Phantasiespiele.					
Das Kind spielt mit Material, mit dem man bauen und konstruieren muss.					
Das Kind spielt nur, wenn man ihm sagt, was es spielen soll.					
Das Kind führt Aufgaben selbstständig durch.					
Das Kind bricht bei Schwierigkeiten das Spiel ab.					
Das Kind hilft anderen Kindern.					
Das Kind zieht sich alleine Jacke und Schuhe an/aus.					
Das Kind malt gerne.					

2. Sprachverhalten

	immer	häufig	manchmal	selten	nie
Das Kind stellt viele Fragen.					
Das Kind versteht Spiel- und Arbeitsanweisungen richtig.					
Das Kind spricht nur, wenn es aufgefordert/gefragt wird.					
Das Kind spricht nur mit der Erzieherin.					
Das Kind spricht nur mit einzelnen ausgewählten Kindern.					
Das Kind spricht sehr leise.					
Das Kind spricht oft mit lauter Stimme (es schreit).					
Das Kind vermeidet das Sprechen.					
Das Kind verständigt sich durch Gesten.					
Das Kind stottert.					

Name:

Kontaktaufnahme mit dem Kind

	Antwort des Kindes:
Wie heißt du?	
Wie alt bist du?	
Wann hast du Geburtstag?	
Wo wohnst du?	
Gehst du gern in den Kindergarten?	
Was gefällt dir dort am besten?	
Was gefällt dir dort nicht?	
Womit spielst du gerne?	
Mit wem spielst du gerne?	

Bemerkungen:

Überprüfung der Sprachkenntnisse (Bildvorlage „Spielplatz")

1. Spontansprache

Prüfer/Prüferin zeigt dem Kind das Bild und sagt:
„Schau mal hier, ich habe dir ein Bild mitgebracht. Darauf ist viel zu sehen. Was siehst du? Was machen die Kinder?"

Kind spricht spontan über das Bild	ja	nein

Äußerungen des Kindes:

2. Sprachverständnis

Prüfer/Prüferin nennt einzelne Personen/Gegenstände und Situationen und fordert das Kind auf, diese zu zeigen.

„Zeige mir…?"

	zeigt stattdessen:	+	−
einen Baum			
ein Buch			
die Rutsche			
ein Kind **im** Sandkasten			
einen Jungen **mit** einer blauen Hose			
das Mädchen **auf** der Schaukel			
den Wagen **hinter** der Wippe			
den Jungen **neben** dem Klettergerüst			
eine grüne Kiste **unter** dem Brett			
das Mädchen, das den Sand in den Anhänger schüttet			

3. Sprachproduktion

Prüfer/Prüferin gibt dem Kind das Bild und sagt:
„Sage mir nun, was ich dir zeigen soll!"

Kind sagt:

1		
2		
3		
4	+	−
5		
6	+	−

4. Wortschatz/Artikulation/Begriffsbildung

4.1 Artikulation und Nomen (Gegenstände)

Prüfer/Prüferin zeigt verschiedene Gegenstände auf dem Bild und fragt:
„Was ist das?"

Gezeigter Gegenstand	Lautbildung				Wortschatz		
	Prüflaut	Ersatzlaut	+	−	Kind nennt stattdessen	+	−
Ball	B						
Da**ch**	ch_2						
Fahne	F						
Wagen	W						
Bü**ch**er	ch_1						
Sandkasten	S						
Kind	K						
Schaukel	Sch						
Ki**st**e	st						
Blume	Bl						
Klettergerüst	Kl						
Rutsche	R						
Treppe	Tr						
Krone	Kr						

4.2 Adjektive (Farben, Eigenschaften und Formen)

Prüfer/Prüferin zeigt auf Farben, Eigenschaften und Formen verschiedener Gegenstände auf dem Bild und fragt:

			Eigenschaft erkannt		Adjektiv benannt	
Welche Farbe hat/haben...?	erw. Antwort	Antwort des Kindes	+	−	+	−
der Ball	rot					
der Pulli	gelb					
die Hose des Kindes	blau					
die Blätter des Baumes	grün					
Wie fühlt sich das an...?						
der Teddy	weich					
das Gras	nass, weich					
das Brett	hart, kantig					
die Rutsche	hart, glatt					
Welche Form hat...?						
der Ball	rund					
die Kiste	eckig					
das Fenster	(vier)eckig					
das Rohr	rund					

4.3 Verben (Tätigkeiten)

Prüfer/Prüferin zeigt auf bestimmte Kinder des Bildes und fragt:

„*Was machen die Kinder ...?*"

			Tätigkeit erkannt		mit Verb benannt	
	erwartete Antwort	Antwort des Kindes	+	−	+	−
... auf der Schaukel	Sie schaukeln.					
... auf der Rutsche	Sie rutschen.					
... im Sandkasten	Sie spielen. Sie bauen.					
... auf der Wiese	Sie lesen, sie schauen ein Buch an.					

5. Grammatik

5.1 Pluralbildung (Mehrzahl)

Prüfer/Prüferin zeigt …

	Antwort des Kindes:	+	−
… auf das Mädchen mit der Krone und sagt: *„Hier ist ein Kind."* Er/Sie zeigt dann auf die Kinder auf der Schaukel und fragt: *„Und hier sind viele …?"*	Kinder		
… zeigt auf den großen Baum und sagt: *„Hier ist ein Baum."* Er/Sie zeigt dann auf die Bäume im Hintergrund und fragt: *„Und hier sind …?"*	Bäume		
… auf den roten Ball und sagt: *„Hier ist ein Ball."* Er/Sie zeigt dann auf die Bälle neben dem Wagen und fragt: *„Und hier sind …?"*	Bälle		
… auf das Lila Auto und sagt: *„Hier ist ein Auto."* Er/Sie zeigt dann auf das rote und das blaue Auto und fragt: *„Und hier sind …?"*	Autos		
… auf eine Blume neben dem Kind mit der Krone und sagt: *„Hier ist eine Blume."* Er/Sie zeigt dann auf die anderen Blumen und fragt: *„Und hier sind …?"*	Blumen		

5.2 Satzbildung

5.2.1 Subjekt-Verb, 3. Person Singular (Einzahl)

Beispiel: Prüfer/Prüferin zeigt auf das schaukelnde Mädchen und sagt: *„Guck mal, das Mädchen schaukelt."*

Prüfer/Prüferin zeigt …

	Antwort des Kindes:	+	−
… auf das Mädchen mit dem Teddy und fragt: *„Und was macht das Mädchen? Das Mädchen …"*	… rennt.		
… auf den Jungen auf der Schaukel und sagt: *„Was macht der Junge? Der Junge …"*	… schaukelt. … sitzt.		
… auf das Mädchen auf dem Traktor und fragt: *„Und was macht das Mädchen?"*	… fährt.		
… auf den Jungen auf der Rutsche und fragt: *„Und was macht der Junge da?"*	… rutscht.		

5.2.2 Präposition im Akkusativkontext

Prüfer/Prüferin zeigt …

	Antwort des Kindes:	+	−
… auf den Jungen auf der Rutsche und fragt: *"**Wohin** rutscht der Junge?"*	… **in den** Sandkasten.		
… auf das Mädchen auf der Leiter und fragt: *"**Wohin** klettert das Mädchen?"*	… **auf das** Dach, das Haus.		
… auf die gelbe Kiste mit dem Werkzeug und fragt: *"**Wohin** hat der Junge den Hammer und die Zange gelegt?"*	… **in die** Kiste.		

5.2.3 Präposition im Dativkontext

Prüfer/Prüferin zeigt …

	Antwort des Kindes:	+	−
… auf das Mädchen mit dem Eimer beim Traktor und fragt: *"**Woher** hat das Mädchen den Sand geholt?"*	… **aus dem** Sandkasten.		
… auf die Kinder und den Mann, die aus dem Haus kommen und fragt: *"**Woher** kommen die Kinder und der Mann?"*	… **aus dem** Haus, Zimmer.		
… auf die Kinder auf der Wippe und fragt: *"**Wo** sitzen die Kinder?"*	… **auf der** Wippe.		

5.2.4 Nebensatzbildung mit Konjunktion

Prüfer/Prüferin zeigt …

	Antwort des Kindes:	+	−
… auf den Jungen im Rollstuhl und fragt: *„**Warum** sitzt der Junge im Rollstuhl?"*			
	… **wei**l er krank ist. … **wei**l er nicht laufen kann.		
… auf das Mädchen mit der Krone und fragt: *„**Warum** hat das Mädchen eine Krone auf?"*			
	… **wei**l es eine Prinzessin ist. … **wei**l es Geburtstag hat.		
… auf den weinenden Jungen und fragt: *„**Warum** weint der Junge?"*			
	… **wei**l er hingefallen ist. … **wei**l die Hose kaputt ist.		

5.2.5 Partizipbildung

Prüfer/Prüferin zeigt …

	Antwort des Kindes:	+	−
… auf das Mädchen auf dem Klettergerüst und fragt: *„**Wie** ist das Mädchen auf das Klettergerüst **gekommen**?"*			
	Es ist **ge**klettert.		
… auf das kleine Kind auf der Wippe und fragt: *„**Wie** ist das kleine Kind auf die Wippe **gekommen**?"*			
	Es ist **ge**krabbelt. Es ist **ge**klettert. Es ist **ge**hoben …		
… auf den weinenden Jungen und fragt: *„Der Junge weint. **Wie** ist passiert?"*			
	Er ist **hinge**fallen. Er ist **ge**fallen. Er ist **ge**stürzt.		

6. Phonologische Diskriminationsfähigkeit

6.1 Auditive Wahrnehmung: „gleich oder verschieden?"

Prüfer/Prüferin sagt:
„Ich sage dir immer zwei Wörter und du sagst mir, ob sie sich **gleich** oder **verschieden** anhören.
Zum Beispiel: Haus – Haus. Haus und Haus hören sich **gleich** an. Hose – Dose. Hose und Dose hören sich **verschieden** an."

	Kind sagt:	+	–		Kind sagt:	+	–
Hund – Tag				Keller – Teller			
Maus – Maus				Schlüssel – Schüssel			
Wand – Wind				Tanne – Tanne			
Sonne – Tonne				Tasche – Flasche			
Dach – Fach				Flieder – Flieger			

6.2 Reimwörter: „Welche Wörter hören sich ähnlich an?"

Prüfer/Prüferin sagt:
„Ich sage dir immer drei Wörter, zwei davon klingen **ähnlich**. Sage mir, welche Wörter **ähnlich** klingen.
Zum Beispiel: Haus – Maus – Blume. Haus und Maus klingen **ähnlich**."

	Kind sagt:	+	–
Hose – Dose – Hemd			
Kopf – Hand – Wand			
Fisch – Hund – Tisch			

6.3 Wortlänge: „Welches Wort ist länger?"

Prüfer/Prüferin sagt:
„Ich sage zwei Wörter. Welches Wort ist **länger**? Zum Beispiel: Regenjacke – Tür. Das Wort Regenjacke ist **länger**."

	Kind sagt:	+	–
Schmetterling – Brett			
Haus – Klettergerüst			
Sandkasten – Baum			

Name:

Auswertungsbogen (4- bis 5-Jährige):

		unauffällig	erreichte Punktzahl	Förderbedarf nein	Förderbedarf ja
1.	Spontansprache				
2.	Sprachverständnis	5–9 Punkte			
3.	Sprachproduktion	4–6 Punkte			
4.	**Wortschatz/Artikulation/Begriffsbildung**				
4.1	Artikulation	8–14 Punkte			
4.1	Nomen (Gegenstände)	11–14 Punkte			
4.2	**Adjektive**				
	Farben erkannt	3–4 Punkte			
	Adjektiv benannt	1–4 Punkte			
	Eigenschaften erkannt	2–4 Punkte			
	Adjektiv benannt	1–4 Punkte			
	Formen erkannt	2–4 Punkte			
	Adjektiv benannt	1–4 Punkte			
4.3	**Verben**				
	Tätigkeit erkannt	2–4 Punkte			
	mit Verb benannt	1–4 Punkte			
5.	**Grammatik**				
5.1	Pluralbildung (Mehrzahl)	3–5 Punkte			
5.2	**Satzbildung**				
5.2.1	Subjekt-Verb, 3. Person Singular	2–4 Punkte			
5.2.2	Präposition im Akkusativkontext	1–3 Punkte			
5.2.3	Präposition im Dativkontext	1–3 Punkte			
5.2.4	Nebensatzbildung mit Konjunktion	1–3 Punkte			
5.2.5	Partizipbildung	1–3 Punkte			

ergänzende Informationen (Eltern)

ergänzende Informationen (Kindergarten, Schule) Sozial-, Spiel-, Arbeits-, Sprachverhalten

Name:

Bewertung (4- bis 5-Jährige):

Die Sprache des Kindes ist	unauffällig	**auffällig**
Eine weitere Überprüfung ist	nicht notwendig	**notwendig**

Rücksprache mit den Eltern

ist erforderlich	nein	**ja**

Weitere diagnostische Abklärungen

Hausarzt/ärztin		Sprachheilbeauftragte/r	
Kinderarzt/ärztin		Sprachheilpädagoge/in	
HNO-Arzt/ärztin		Logopäde/in	
Augenarzt/ärztin		sonstige	

Eingeleitete Maßnahmen

(Datum und Unterschrift des Prüfers/der Prüferin)

Name:

Auswertungsbogen (5- bis 6-Jährige):

		unauffällig	erreichte Punktzahl	Förderbedarf nein	Förderbedarf ja
1.	Spontansprache				
2.	Sprachverständnis	6–9 Punkte			
3.	Sprachproduktion	5–6 Punkte			
4.	**Wortschatz/Artikulation/Begriffsbildung**				
4.1	Artikulation	12–14 Punkte			
4.1	Nomen (Gegenstände)	5–14 Punkte			
4.2	**Adjektive**				
	Farben erkannt	3–4 Punkte			
	Adjektiv benannt	3–4 Punkte			
	Eigenschaften erkannt	3–4 Punkte			
	Adjektiv benannt	3–4 Punkte			
	Formen erkannt	3–4 Punkte			
	Adjektiv benannt	3–4 Punkte			
4.3	**Verben**				
	Tätigkeit erkannt	3–4 Punkte			
	mit Verb benannt	3–4 Punkte			
5.	**Grammatik**				
5.1	Pluralbildung (Mehrzahl)	4–5 Punkte			
5.2	**Satzbildung**				
5.2.1	Subjekt-Verb, 3. Person Singular	3–4 Punkte			
5.2.2	Präposition im Akkusativkontext	2–3 Punkte			
5.2.3	Präposition im Dativkontext	2–3 Punkte			
5.2.4	Nebensatzbildung mit Konjunktion	2–3 Punkte			
5.2.5	Partizipbildung	2–3 Punkte			
6.	**Phonologische Diskriminationsfähigkeit**				
6.1	auditive Wahrnehmung	6–9 Punkte			
6.2	Reimwörter	1–3 Punkte			
6.3	Wortlänge	1–3 Punkte			

ergänzende Informationen (Eltern)

ergänzende Informationen (Kindergarten, Schule) Sozial-, Spiel-, Arbeits-, Sprachverhalten

Name:

Bewertung (5- bis 6-Jährige):

Die Sprache des Kindes ist	unauffällig	**auffällig**
Eine weitere Überprüfung ist	nicht notwendig	**notwendig**

Das Kind braucht nach meiner Einschätzung:

keine zusätzliche Förderung	ja
einen Deutsch-Sprachkurs	ja
sprachheilpädagogische/logopädische Förderung	ja

Rücksprache erforderlich:

mit den Eltern	nein	ja
mit dem Kindergarten	nein	ja
mit der aufnehmenden Schule	nein	ja
mit dem/der Klassenlehrer/in	nein	ja

Weitere diagnostische Abklärungen

Hausarzt/ärztin		Sprachheilbeauftragte/r	
Kinderarzt/ärztin		Sprachheilpädagoge/in	
HNO-Arzt/ärztin		Logopäde/in	
Augenarzt/ärztin		sonstige	

Eingeleitete Maßnahmen

_____

(Datum und Unterschrift des Prüfers/der Prüferin)

**Inge Holler-Zittlau / Winfried Dux
Roswitha Berger**

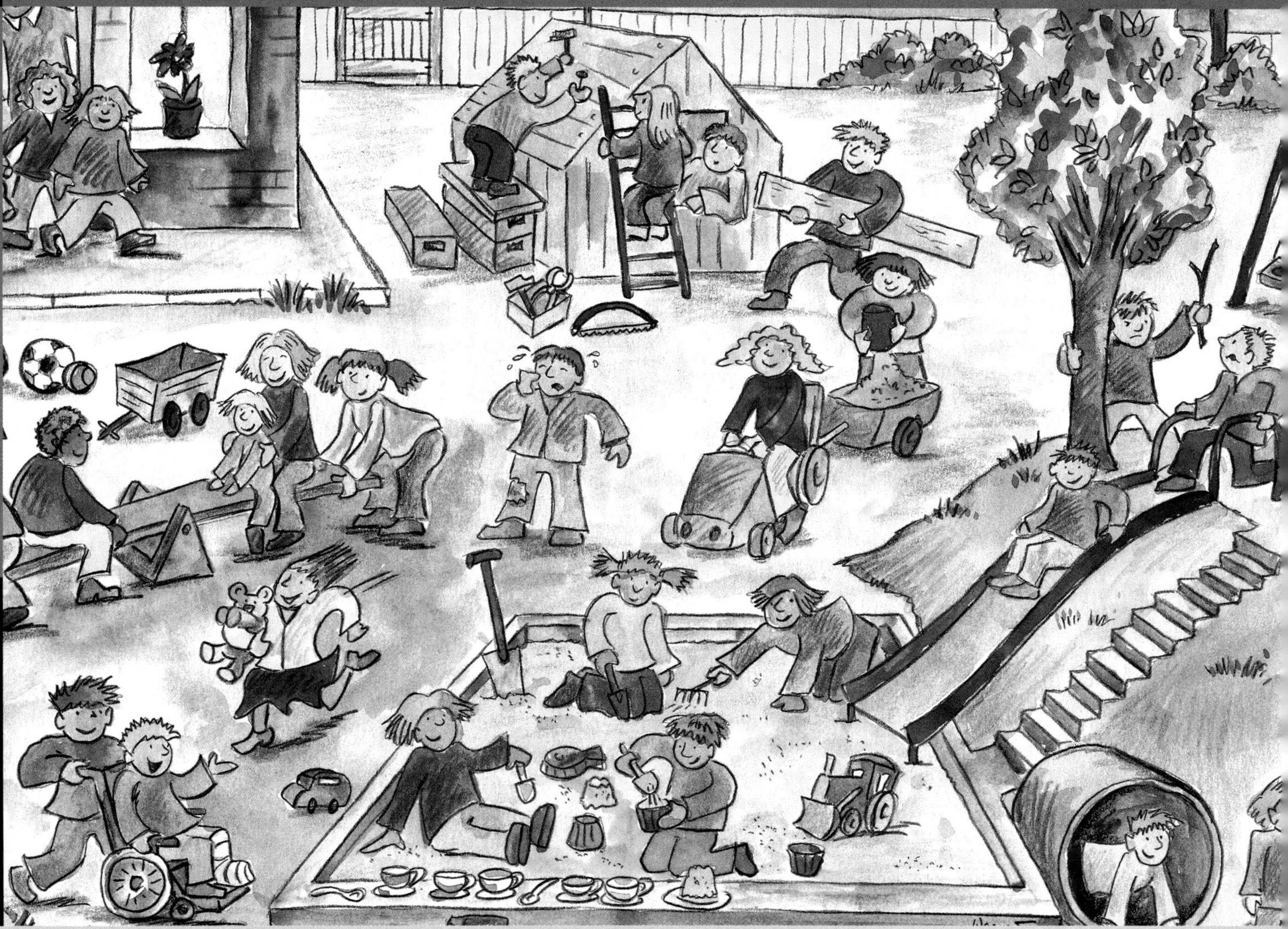

Marburger Sprach-Screening für 4- bis 6-jährige Kinder (MSS)

Ein Sprachprüfverfahren für Kindergarten und Schule

Inhalt:

- Mantelbogen
- Ergänzende Informationen (Eltern)
- Ergänzende Informationen (Kindergarten/Schule)
- Kontaktaufnahme mit dem Kind
- Überprüfung der Sprachkenntnisse
- Auswertungsbogen (4- bis 5-Jährige)
- Bewertungsbogen (4- bis 5-Jährige)
- Auswertungsbogen (5- bis 6-Jährige)
- Bewertungsbogen (5- bis 6-Jährige)

10er-Pack Testbögen

ISBN 3-89358-998-8

Mantelbogen

Einrichtung (Anschrift)	
Prüfer/Prüferin	Kind

	Jahr	Monat	Tag
Untersuchungstag			
Geburtstag des Kindes			
Alter des Kindes			

männlich	weiblich	Muttersprache: Deutsch	ja	nein
		Muttersprache:		
Welche Sprache wird in der Familie hauptsächlich gesprochen?				

Name:

Ergänzende Informationen (Eltern)

	immer	häufig	manchmal	selten	nie
Geht Ihr Kind regelmäßig in den Kindergarten?					
Geht Ihr Kind gerne in den Kindergarten?					
Erzählt Ihr Kind etwas von seinen Freunden/Freundinnen oder aus dem Kindergarten?					
Erzählt Ihr Kind gerne „kleine" Geschichten?					
Malt Ihr Kind gerne?					
Kann Ihr Kind einen Ball mit beiden Händen fangen?					
Kann Ihr Kind sich längere Zeit selbst beschäftigen?					
Ist Ihr Kind häufig erkältet?					
Haben Sie den Eindruck, dass Ihr Kind richtig hört?					

Ist bereits eine Hörüberprüfung erfolgt? Wenn ja, wann?	ja	nein
Hat die Hörüberprüfung Auffälligkeiten ergeben?	ja	nein

Besonderheiten in der körperlichen Entwicklung:

Besonderheiten in der sprachlichen Entwicklung:

Name:

Ergänzende Informationen (Kindergarten/Schule)

1. Sozial-, Spiel- und Arbeitsverhalten

	immer	häufig	manchmal	selten	nie
Das Kind nimmt aktiv am Gruppengeschehen teil.					
Das Kind spielt gerne mit anderen Kindern zusammen.					
Das Kind ist schüchtern, spielt am liebsten alleine.					
Das Kind wird wegen seiner geringen Sprachkenntnisse vom Spiel ausgeschlossen.					
Das Kind entwickelt viele Spielideen.					
Das Kind spielt Rollen- und Phantasiespiele.					
Das Kind spielt mit Material, mit dem man bauen und konstruieren muss.					
Das Kind spielt nur, wenn man ihm sagt, was es spielen soll.					
Das Kind führt Aufgaben selbstständig durch.					
Das Kind bricht bei Schwierigkeiten das Spiel ab.					
Das Kind hilft anderen Kindern.					
Das Kind zieht sich alleine Jacke und Schuhe an/aus.					
Das Kind malt gerne.					

2. Sprachverhalten

	immer	häufig	manchmal	selten	nie
Das Kind stellt viele Fragen.					
Das Kind versteht Spiel- und Arbeitsanweisungen richtig.					
Das Kind spricht nur, wenn es aufgefordert/gefragt wird.					
Das Kind spricht nur mit der Erzieherin.					
Das Kind spricht nur mit einzelnen ausgewählten Kindern.					
Das Kind spricht sehr leise.					
Das Kind spricht oft mit lauter Stimme (es schreit).					
Das Kind vermeidet das Sprechen.					
Das Kind verständigt sich durch Gesten.					
Das Kind stottert.					

Name:

Kontaktaufnahme mit dem Kind

	Antwort des Kindes:
Wie heißt du?	
Wie alt bist du?	
Wann hast du Geburtstag?	
Wo wohnst du?	
Gehst du gern in den Kindergarten?	
Was gefällt dir dort am besten?	
Was gefällt dir dort nicht?	
Womit spielst du gerne?	
Mit wem spielst du gerne?	

Bemerkungen:

Überprüfung der Sprachkenntnisse
(Bildvorlage „Spielplatz")

1. Spontansprache

Prüfer/Prüferin zeigt dem Kind das Bild und sagt:
„Schau mal hier, ich habe dir ein Bild mitgebracht. Darauf ist viel zu sehen. Was siehst du? Was machen die Kinder?"

Kind spricht spontan über das Bild	ja	nein

Äußerungen des Kindes:

2. Sprachverständnis

Prüfer/Prüferin nennt einzelne Personen/Gegenstände und Situationen und fordert das Kind auf, diese zu zeigen.

„Zeige mir…?"

	zeigt stattdessen:	+	–
einen Baum			
ein Buch			
die Rutsche			
*ein Kind **im** Sandkasten*			
*einen Jungen **mit** einer blauen Hose*			
*das Mädchen **auf** der Schaukel*			
*den Wagen **hinter** der Wippe*			
*den Jungen **neben** dem Klettergerüst*			
*eine grüne Kiste **unter** dem Brett*			
das Mädchen, das den Sand in den Anhänger schüttet			

3. Sprachproduktion

Prüfer/Prüferin gibt dem Kind das Bild und sagt:
„Sage mir nun, was ich dir zeigen soll!"

Kind sagt:

1		
2		
3		
4	+	−
5		
6	+	−

4. Wortschatz/Artikulation/Begriffsbildung

4.1 Artikulation und Nomen (Gegenstände)

Prüfer/Prüferin zeigt verschiedene Gegenstände auf dem Bild und fragt:
„Was ist das?"

Gezeigter Gegenstand	Lautbildung				Wortschatz		
	Prüflaut	Ersatzlaut	+	−	Kind nennt stattdessen	+	−
Ball	B						
Da**ch**	ch_2						
Fahne	F						
Wagen	W						
Bü**ch**er	ch_1						
Sandkasten	S						
Kind	K						
Schaukel	Sch						
Ki**st**e	st						
Blume	Bl						
Klettergerüst	Kl						
Rutsche	R						
Treppe	Tr						
Krone	Kr						

4.2 Adjektive (Farben, Eigenschaften und Formen)

Prüfer/Prüferin zeigt auf Farben, Eigenschaften und Formen verschiedener Gegenstände auf dem Bild und fragt:

			Eigenschaft erkannt		Adjektiv benannt	
Welche Farbe hat/haben …?	erw. Antwort	Antwort des Kindes	+	–	+	–
der Ball	rot					
der Pulli	gelb					
die Hose des Kindes	blau					
die Blätter des Baumes	grün					
Wie fühlt sich das an …?						
der Teddy	weich					
das Gras	nass, weich					
das Brett	hart, kantig					
die Rutsche	hart, glatt					
Welche Form hat …?						
der Ball	rund					
die Kiste	eckig					
das Fenster	(vier)eckig					
das Rohr	rund					

4.3 Verben (Tätigkeiten)

Prüfer/Prüferin zeigt auf bestimmte Kinder des Bildes und fragt:

„Was machen die Kinder …?"

			Tätigkeit erkannt		mit Verb benannt	
	erwartete Antwort	Antwort des Kindes	+	–	+	–
… auf der Schaukel	Sie schaukeln.					
… auf der Rutsche	Sie rutschen.					
… im Sandkasten	Sie spielen. Sie bauen.					
… auf der Wiese	Sie lesen, sie schauen ein Buch an.					

5. Grammatik

5.1 Pluralbildung (Mehrzahl)

Prüfer/Prüferin zeigt …

	Antwort des Kindes:	+	−
… auf das Mädchen mit der Krone und sagt: *„Hier ist ein Kind."* Er/Sie zeigt dann auf die Kinder auf der Schaukel und fragt: *„Und hier sind viele …?"*	Kinder		
… zeigt auf den großen Baum und sagt: *„Hier ist ein Baum."* Er/Sie zeigt dann auf die Bäume im Hintergrund und fragt: *„Und hier sind …?"*	Bäume		
… auf den roten Ball und sagt: *„Hier ist ein Ball."* Er/Sie zeigt dann auf die Bälle neben dem Wagen und fragt: *„Und hier sind …?"*	Bälle		
… auf das Lila Auto und sagt: *„Hier ist ein Auto."* Er/Sie zeigt dann auf das rote und das blaue Auto und fragt: *„Und hier sind …?"*	Autos		
… auf eine Blume neben dem Kind mit der Krone und sagt: *„Hier ist eine Blume."* Er/Sie zeigt dann auf die anderen Blumen und fragt: *„Und hier sind …?"*	Blumen		

5.2 Satzbildung

5.2.1 Subjekt-Verb, 3. Person Singular *(Einzahl)*

Beispiel: Prüfer/Prüferin zeigt auf das schaukelnde Mädchen und sagt:
„Guck mal, das Mädchen schaukelt."

Prüfer/Prüferin zeigt …

	Antwort des Kindes:	+	−
… auf das Mädchen mit dem Teddy und fragt: *„Und was macht das Mädchen? Das Mädchen …"*	… rennt.		
… auf den Jungen auf der Schaukel und sagt: *„Was macht der Junge? Der Junge …"*	… schaukelt. … sitzt.		
… auf das Mädchen auf dem Traktor und fragt: *„Und was macht das Mädchen?"*	… fährt.		
… auf den Jungen auf der Rutsche und fragt: *„Und was macht der Junge da?"*	… rutscht.		

5.2.2 Präposition im Akkusativkontext

Prüfer/Prüferin zeigt …

	Antwort des Kindes:	+	–
… auf den Jungen auf der Rutsche und fragt: *„**Wohin** rutscht der Junge?"*			
	… **in den** Sandkasten.		
… auf das Mädchen auf der Leiter und fragt: *„**Wohin** klettert das Mädchen?"*			
	… **auf das** Dach, das Haus.		
… auf die gelbe Kiste mit dem Werkzeug und fragt: *„**Wohin** hat der Junge den Hammer und die Zange gelegt?"*			
	… **in die** Kiste.		

5.2.3 Präposition im Dativkontext

Prüfer/Prüferin zeigt …

	Antwort des Kindes:	+	–
… auf das Mädchen mit dem Eimer beim Traktor und fragt: *„**Woher** hat das Mädchen den Sand geholt?"*			
	… **aus dem** Sandkasten.		
… auf die Kinder und den Mann, die aus dem Haus kommen und fragt: *„**Woher** kommen die Kinder und der Mann?"*			
	… **aus dem** Haus, Zimmer.		
… auf die Kinder auf der Wippe und fragt: *„**Wo** sitzen die Kinder?"*			
	… **auf der** Wippe.		

5.2.4 Nebensatzbildung mit Konjunktion

Prüfer/Prüferin zeigt …

	Antwort des Kindes:	+	−
… auf den Jungen im Rollstuhl und fragt: *„Warum sitzt der Junge im Rollstuhl?"*	… **weil** er krank ist. … **weil** er nicht laufen kann.		
… auf das Mädchen mit der Krone und fragt: *„Warum hat das Mädchen eine Krone auf?"*	… **weil** es eine Prinzessin ist. … **weil** es Geburtstag hat.		
…auf den weinenden Jungen und fragt: *„Warum weint der Junge?"*	… **weil** er hingefallen ist. … **weil** die Hose kaputt ist.		

5.2.5 Partizipbildung

Prüfer/Prüferin zeigt …

	Antwort des Kindes:	+	−
… auf das Mädchen auf dem Klettergerüst und fragt: *„Wie ist das Mädchen auf das Klettergerüst gekommen?"*	Es ist **ge**klettert.		
… auf das kleine Kind auf der Wippe und fragt: *„Wie ist das kleine Kind auf die Wippe gekommen?"*	Es ist **ge**krabbelt. Es ist **ge**klettert. Es ist **ge**hoben …		
… auf den weinenden Jungen und fragt: *„Der Junge weint. Wie ist passiert?"*	Er ist **hinge**fallen. Er ist **ge**fallen. Er ist **ge**stürzt.		

11

6. Phonologische Diskriminationsfähigkeit

6.1 Auditive Wahrnehmung: „gleich oder verschieden?"

Prüfer/Prüferin sagt:
*„Ich sage dir immer zwei Wörter und du sagst mir, ob sie sich **gleich** oder **verschieden** anhören. Zum Beispiel: Haus – Haus. Haus und Haus hören sich **gleich** an. Hose – Dose. Hose und Dose hören sich **verschieden** an."*

	Kind sagt:	+	–		Kind sagt:	+	–
Hund – Tag				Keller – Teller			
Maus – Maus				Schlüssel – Schüssel			
Wand – Wind				Tanne – Tanne			
Sonne – Tonne				Tasche – Flasche			
Dach – Fach				Flieder – Flieger			

6.2 Reimwörter: *„Welche Wörter hören sich ähnlich an?"*

Prüfer/Prüferin sagt:
*„Ich sage dir immer drei Wörter, zwei davon klingen **ähnlich**. Sage mir, welche Wörter **ähnlich** klingen. Zum Beispiel: Haus – Maus – Blume. Haus und Maus klingen **ähnlich**."*

	Kind sagt:	+	–
Hose – Dose – Hemd			
Kopf – Hand – Wand			
Fisch – Hund – Tisch			

6.3 Wortlänge: *„Welches Wort ist länger?"*

Prüfer/Prüferin sagt:
*„Ich sage zwei Wörter. Welches Wort ist **länger**? Zum Beispiel: Regenjacke – Tür. Das Wort Regenjacke ist **länger**."*

	Kind sagt:	+	–
Schmetterling – Brett			
Haus – Klettergerüst			
Sandkasten – Baum			

Name:

Auswertungsbogen (4- bis 5-Jährige):

		unauffällig	erreichte Punktzahl	Förderbedarf	
				nein	ja
1.	Spontansprache				
2.	Sprachverständnis	5–9 Punkte			
3.	Sprachproduktion	4–6 Punkte			
4.	**Wortschatz/Artikulation/Begriffsbildung**				
4.1	Artikulation	8–14 Punkte			
4.1	Nomen (Gegenstände)	11–14 Punkte			
4.2	**Adjektive**				
	Farben erkannt	3–4 Punkte			
	Adjektiv benannt	1–4 Punkte			
	Eigenschaften erkannt	2–4 Punkte			
	Adjektiv benannt	1–4 Punkte			
	Formen erkannt	2–4 Punkte			
	Adjektiv benannt	1–4 Punkte			
4.3	**Verben**				
	Tätigkeit erkannt	2–4 Punkte			
	mit Verb benannt	1–4 Punkte			
5.	**Grammatik**				
5.1	Pluralbildung (Mehrzahl)	3–5 Punkte			
5.2	**Satzbildung**				
5.2.1	Subjekt-Verb, 3. Person Singular	2–4 Punkte			
5.2.2	Präposition im Akkusativkontext	1–3 Punkte			
5.2.3	Präposition im Dativkontext	1–3 Punkte			
5.2.4	Nebensatzbildung mit Konjunktion	1–3 Punkte			
5.2.5	Partizipbildung	1–3 Punkte			

ergänzende Informationen (Eltern)

ergänzende Informationen (Kindergarten, Schule) Sozial-, Spiel-, Arbeits-, Sprachverhalten

Name:

Bewertung (4- bis 5-Jährige):

Die Sprache des Kindes ist	unauffällig	auffällig
Eine weitere Überprüfung ist	nicht notwendig	notwendig

Rücksprache mit den Eltern

ist erforderlich	nein	ja

Weitere diagnostische Abklärungen

Hausarzt/ärztin		Sprachheilbeauftragte/r	
Kinderarzt/ärztin		Sprachheilpädagoge/in	
HNO-Arzt/ärztin		Logopäde/in	
Augenarzt/ärztin		sonstige	

Eingeleitete Maßnahmen

(Datum und Unterschrift des Prüfers/der Prüferin)

Name:

Auswertungsbogen (5- bis 6-Jährige):

		unauffällig	erreichte Punktzahl	Förderbedarf nein	Förderbedarf ja
1.	Spontansprache				
2.	Sprachverständnis	6–9 Punkte			
3.	Sprachproduktion	5–6 Punkte			
4.	**Wortschatz/Artikulation/Begriffsbildung**				
4.1	Artikulation	12–14 Punkte			
4.1	Nomen (Gegenstände)	5–14 Punkte			
4.2	**Adjektive**				
	Farben erkannt	3–4 Punkte			
	Adjektiv benannt	3–4 Punkte			
	Eigenschaften erkannt	3–4 Punkte			
	Adjektiv benannt	3–4 Punkte			
	Formen erkannt	3–4 Punkte			
	Adjektiv benannt	3–4 Punkte			
4.3	**Verben**				
	Tätigkeit erkannt	3–4 Punkte			
	mit Verb benannt	3–4 Punkte			
5.	**Grammatik**				
5.1	Pluralbildung (Mehrzahl)	4–5 Punkte			
5.2	**Satzbildung**				
5.2.1	Subjekt-Verb, 3. Person Singular	3–4 Punkte			
5.2.2	Präposition im Akkusativkontext	2–3 Punkte			
5.2.3	Präposition im Dativkontext	2–3 Punkte			
5.2.4	Nebensatzbildung mit Konjunktion	2–3 Punkte			
5.2.5	Partizipbildung	2–3 Punkte			
6.	**Phonologische Diskriminationsfähigkeit**				
6.1	auditive Wahrnehmung	6–9 Punkte			
6.2	Reimwörter	1–3 Punkte			
6.3	Wortlänge	1–3 Punkte			

ergänzende Informationen (Eltern)

ergänzende Informationen (Kindergarten, Schule) Sozial-, Spiel-, Arbeits-, Sprachverhalten

Name:

Bewertung (5- bis 6-Jährige):

Die Sprache des Kindes ist	unauffällig	auffällig
Eine weitere Überprüfung ist	nicht notwendig	notwendig

Das Kind braucht nach meiner Einschätzung:

keine zusätzliche Förderung	ja
einen Deutsch-Sprachkurs	ja
sprachheilpädagogische/logopädische Förderung	ja

Rücksprache erforderlich:

mit den Eltern	nein	ja
mit dem Kindergarten	nein	ja
mit der aufnehmenden Schule	nein	ja
mit dem/der Klassenlehrer/in	nein	ja

Weitere diagnostische Abklärungen

Hausarzt/ärztin		Sprachheilbeauftragte/r	
Kinderarzt/ärztin		Sprachheilpädagoge/in	
HNO-Arzt/ärztin		Logopäde/in	
Augenarzt/ärztin		sonstige	

Eingeleitete Maßnahmen

_____
(Datum und Unterschrift des Prüfers/der Prüferin)

**Inge Holler-Zittlau / Winfried Dux
Roswitha Berger**

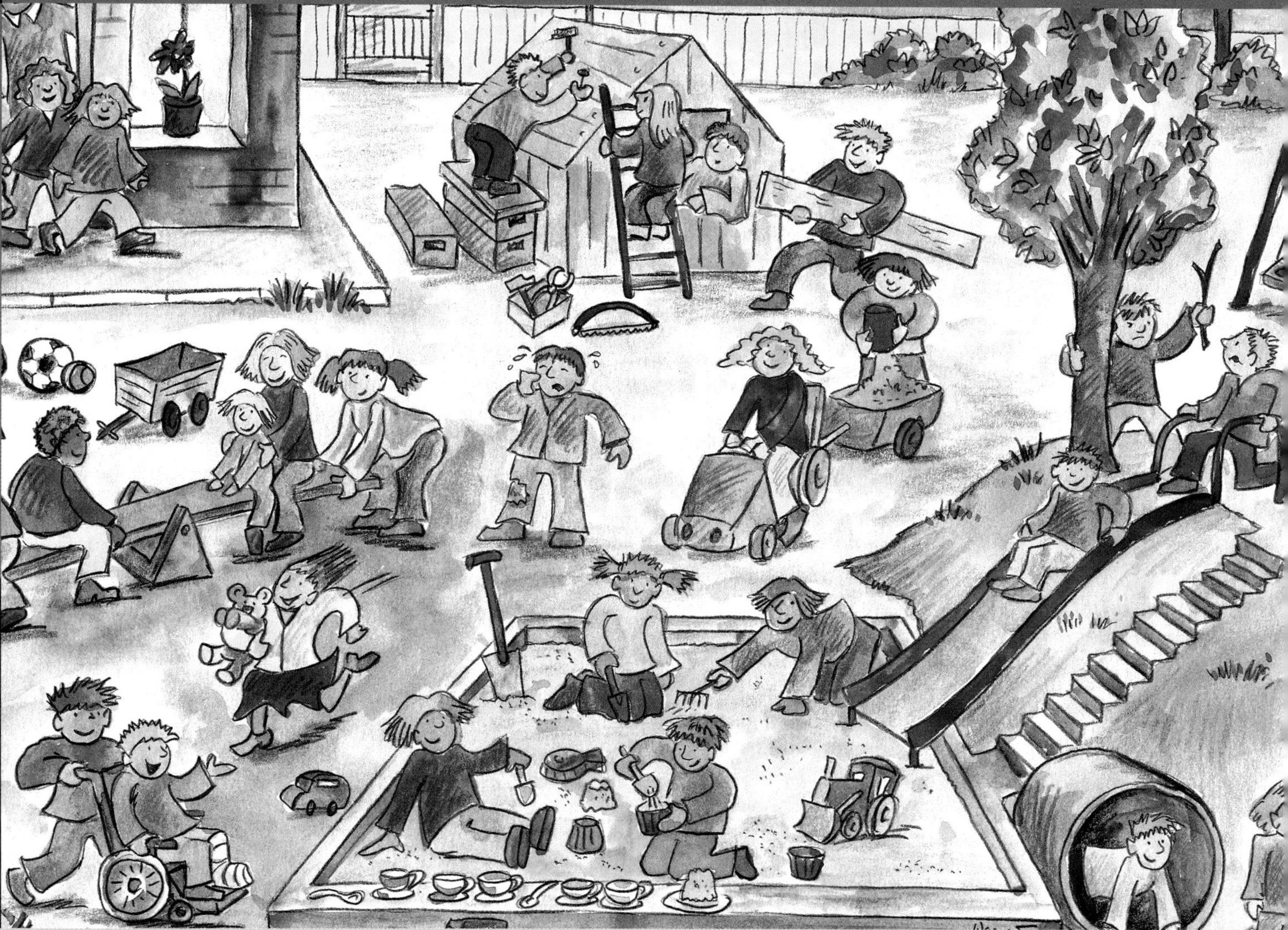

Marburger Sprach-Screening für 4- bis 6-jährige Kinder (MSS)

Ein Sprachprüfverfahren für Kindergarten und Schule

Inhalt:
- Mantelbogen
- Ergänzende Informationen (Eltern)
- Ergänzende Informationen (Kindergarten/Schule)
- Kontaktaufnahme mit dem Kind
- Überprüfung der Sprachkenntnisse
- Auswertungsbogen (4- bis 5-Jährige)
- Bewertungsbogen (4- bis 5-Jährige)
- Auswertungsbogen (5- bis 6-Jährige)
- Bewertungsbogen (5- bis 6-Jährige)

10er-Pack Testbögen

ISBN 3-89358-**998**-8

Mantelbogen

Einrichtung (Anschrift)	
Prüfer/Prüferin	Kind

	Jahr	Monat	Tag
Untersuchungstag			
Geburtstag des Kindes			
Alter des Kindes			

männlich	weiblich	Muttersprache: Deutsch	ja	nein
		Muttersprache:		
Welche Sprache wird in der Familie hauptsächlich gesprochen?					

Name:

Ergänzende Informationen (Eltern)

	immer	häufig	manchmal	selten	nie
Geht Ihr Kind regelmäßig in den Kindergarten?					
Geht Ihr Kind gerne in den Kindergarten?					
Erzählt Ihr Kind etwas von seinen Freunden/Freundinnen oder aus dem Kindergarten?					
Erzählt Ihr Kind gerne „kleine" Geschichten?					
Malt Ihr Kind gerne?					
Kann Ihr Kind einen Ball mit beiden Händen fangen?					
Kann Ihr Kind sich längere Zeit selbst beschäftigen?					
Ist Ihr Kind häufig erkältet?					
Haben Sie den Eindruck, dass Ihr Kind richtig hört?					

Ist bereits eine Hörüberprüfung erfolgt? Wenn ja, wann?	ja	nein
Hat die Hörüberprüfung Auffälligkeiten ergeben?	ja	nein

Besonderheiten in der körperlichen Entwicklung:

Besonderheiten in der sprachlichen Entwicklung:

Name:

Ergänzende Informationen (Kindergarten/Schule)

1. **Sozial-, Spiel- und Arbeitsverhalten**

	immer	häufig	manchmal	selten	nie
Das Kind nimmt aktiv am Gruppengeschehen teil.					
Das Kind spielt gerne mit anderen Kindern zusammen.					
Das Kind ist schüchtern, spielt am liebsten alleine.					
Das Kind wird wegen seiner geringen Sprachkenntnisse vom Spiel ausgeschlossen.					
Das Kind entwickelt viele Spielideen.					
Das Kind spielt Rollen- und Phantasiespiele.					
Das Kind spielt mit Material, mit dem man bauen und konstruieren muss.					
Das Kind spielt nur, wenn man ihm sagt, was es spielen soll.					
Das Kind führt Aufgaben selbstständig durch.					
Das Kind bricht bei Schwierigkeiten das Spiel ab.					
Das Kind hilft anderen Kindern.					
Das Kind zieht sich alleine Jacke und Schuhe an/aus.					
Das Kind malt gerne.					

2. **Sprachverhalten**

Das Kind stellt viele Fragen.					
Das Kind versteht Spiel- und Arbeitsanweisungen richtig.					
Das Kind spricht nur, wenn es aufgefordert/gefragt wird.					
Das Kind spricht nur mit der Erzieherin.					
Das Kind spricht nur mit einzelnen ausgewählten Kindern.					
Das Kind spricht sehr leise.					
Das Kind spricht oft mit lauter Stimme (es schreit).					
Das Kind vermeidet das Sprechen.					
Das Kind verständigt sich durch Gesten.					
Das Kind stottert.					

Name:

Kontaktaufnahme mit dem Kind

	Antwort des Kindes:
Wie heißt du?	
Wie alt bist du?	
Wann hast du Geburtstag?	
Wo wohnst du?	
Gehst du gern in den Kindergarten?	
Was gefällt dir dort am besten?	
Was gefällt dir dort nicht?	
Womit spielst du gerne?	
Mit wem spielst du gerne?	

Bemerkungen:

Überprüfung der Sprachkenntnisse
(Bildvorlage „Spielplatz")

1. Spontansprache

Prüfer/Prüferin zeigt dem Kind das Bild und sagt:
„Schau mal hier, ich habe dir ein Bild mitgebracht. Darauf ist viel zu sehen. Was siehst du? Was machen die Kinder?"

Kind spricht spontan über das Bild	ja	nein

Äußerungen des Kindes:

2. Sprachverständnis

Prüfer/Prüferin nennt einzelne Personen/Gegenstände und Situationen und fordert das Kind auf, diese zu zeigen.

„Zeige mir…?"

	zeigt stattdessen:	+	−
einen Baum			
ein Buch			
die Rutsche			
ein Kind **im** Sandkasten			
einen Jungen **mit** einer blauen Hose			
das Mädchen **auf** der Schaukel			
den Wagen **hinter** der Wippe			
den Jungen **neben** dem Klettergerüst			
eine grüne Kiste **unter** dem Brett			
das Mädchen, das den Sand in den Anhänger schüttet			

3. Sprachproduktion

Prüfer/Prüferin gibt dem Kind das Bild und sagt:
„Sage mir nun, was ich dir zeigen soll!"

Kind sagt:

1		
2		
3		
4	+	–
5		
6	+	–

4. Wortschatz/Artikulation/Begriffsbildung

4.1 Artikulation und Nomen (Gegenstände)

Prüfer/Prüferin zeigt verschiedene Gegenstände auf dem Bild und fragt:
„Was ist das?"

Gezeigter Gegenstand	Lautbildung				Wortschatz		
	Prüflaut	Ersatzlaut	+	–	Kind nennt stattdessen	+	–
Ball	B						
Da**ch**	ch_2						
Fahne	F						
Wagen	W						
Bü**ch**er	ch_1						
Sandkasten	S						
Kind	K						
Schaukel	Sch						
Ki**st**e	st						
Blume	Bl						
Klettergerüst	Kl						
Rutsche	R						
Treppe	Tr						
Krone	Kr						

4.2 Adjektive (Farben, Eigenschaften und Formen)

Prüfer/Prüferin zeigt auf Farben, Eigenschaften und Formen verschiedener Gegenstände auf dem Bild und fragt:

			Eigenschaft erkannt		Adjektiv benannt	
Welche Farbe hat/haben ...?	erw. Antwort	Antwort des Kindes	+	–	+	–
der Ball	rot					
der Pulli	gelb					
die Hose des Kindes	blau					
die Blätter des Baumes	grün					
Wie fühlt sich das an ...?						
der Teddy	weich					
das Gras	nass, weich					
das Brett	hart, kantig					
die Rutsche	hart, glatt					
Welche Form hat ...?						
der Ball	rund					
die Kiste	eckig					
das Fenster	(vier)eckig					
das Rohr	rund					

4.3 Verben (Tätigkeiten)

Prüfer/Prüferin zeigt auf bestimmte Kinder des Bildes und fragt:

„*Was machen die Kinder ...?*"

			Tätigkeit erkannt		mit Verb benannt	
	erwartete Antwort	Antwort des Kindes	+	–	+	–
... auf der Schaukel	Sie schaukeln.					
... auf der Rutsche	Sie rutschen.					
... im Sandkasten	Sie spielen. Sie bauen.					
... auf der Wiese	Sie lesen, sie schauen ein Buch an.					

5. Grammatik

5.1 Pluralbildung (Mehrzahl)

Prüfer/Prüferin zeigt …

	Antwort des Kindes:	+	−
… auf das Mädchen mit der Krone und sagt: *„Hier ist ein Kind."* Er/Sie zeigt dann auf die Kinder auf der Schaukel und fragt: *„Und hier sind viele …?"*	Kinder		
… zeigt auf den großen Baum und sagt: *„Hier ist ein Baum."* Er/Sie zeigt dann auf die Bäume im Hintergrund und fragt: *„Und hier sind …?"*	Bäume		
… auf den roten Ball und sagt: *„Hier ist ein Ball."* Er/Sie zeigt dann auf die Bälle neben dem Wagen und fragt: *„Und hier sind …?"*	Bälle		
… auf das Lila Auto und sagt: *„Hier ist ein Auto."* Er/Sie zeigt dann auf das rote und das blaue Auto und fragt: *„Und hier sind …?"*	Autos		
… auf eine Blume neben dem Kind mit der Krone und sagt: *„Hier ist eine Blume."* Er/Sie zeigt dann auf die anderen Blumen und fragt: *„Und hier sind …?"*	Blumen		

5.2 Satzbildung

5.2.1 Subjekt-Verb, 3. Person Singular (Einzahl)

Beispiel: Prüfer/Prüferin zeigt auf das schaukelnde Mädchen und sagt: *„Guck mal, das Mädchen schaukelt."*

Prüfer/Prüferin zeigt …

	Antwort des Kindes:	+	−
… auf das Mädchen mit dem Teddy und fragt: *„Und was macht das Mädchen? Das Mädchen …"*	… rennt.		
… auf den Jungen auf der Schaukel und sagt: *„Was macht der Junge? Der Junge …"*	… schaukelt. … sitzt.		
… auf das Mädchen auf dem Traktor und fragt: *„Und was macht das Mädchen?"*	… fährt.		
… auf den Jungen auf der Rutsche und fragt: *„Und was macht der Junge da?"*	… rutscht.		

5.2.2 Präposition im Akkusativkontext

Prüfer/Prüferin zeigt …

	Antwort des Kindes:	+	−
… auf den Jungen auf der Rutsche und fragt: *„Wohin rutscht der Junge?"*			
	… **in den** Sandkasten.		
… auf das Mädchen auf der Leiter und fragt: *„Wohin klettert das Mädchen?"*			
	… **auf das** Dach, das Haus.		
… auf die gelbe Kiste mit dem Werkzeug und fragt: *„Wohin hat der Junge den Hammer und die Zange gelegt?"*			
	… **in die** Kiste.		

5.2.3 Präposition im Dativkontext

Prüfer/Prüferin zeigt …

	Antwort des Kindes:	+	−
… auf das Mädchen mit dem Eimer beim Traktor und fragt: *„Woher hat das Mädchen den Sand geholt?"*			
	… **aus dem** Sandkasten.		
… auf die Kinder und den Mann, die aus dem Haus kommen und fragt: *„Woher kommen die Kinder und der Mann?"*			
	… **aus dem** Haus, Zimmer.		
… auf die Kinder auf der Wippe und fragt: *„Wo sitzen die Kinder?"*			
	… **auf der** Wippe.		

5.2.4 Nebensatzbildung mit Konjunktion

Prüfer/Prüferin zeigt …

	Antwort des Kindes:	+	−
… auf den Jungen im Rollstuhl und fragt: *„Warum sitzt der Junge im Rollstuhl?"*	… **weil** er krank ist. … **weil** er nicht laufen kann.		
… auf das Mädchen mit der Krone und fragt: *„Warum hat das Mädchen eine Krone auf?"*	… **weil** es eine Prinzessin ist. … **weil** es Geburtstag hat.		
…auf den weinenden Jungen und fragt: *„Warum weint der Junge?"*	… **weil** er hingefallen ist. … **weil** die Hose kaputt ist.		

5.2.5 Partizipbildung

Prüfer/Prüferin zeigt …

	Antwort des Kindes:	+	−
… auf das Mädchen auf dem Klettergerüst und fragt: *„Wie ist das Mädchen auf das Klettergerüst gekommen?"*	Es ist **ge**klettert.		
… auf das kleine Kind auf der Wippe und fragt: *„Wie ist das kleine Kind auf die Wippe gekommen?"*	Es ist **ge**krabbelt. Es ist **ge**klettert. Es ist **ge**hoben …		
… auf den weinenden Jungen und fragt: *„Der Junge weint. Wie ist passiert?"*	Er ist **hinge**fallen. Er ist **ge**fallen. Er ist **ge**stürzt.		

6. Phonologische Diskriminationsfähigkeit

6.1 Auditive Wahrnehmung: „gleich oder verschieden?"

Prüfer/Prüferin sagt:
*„Ich sage dir immer zwei Wörter und du sagst mir, ob sie sich **gleich** oder **verschieden** anhören. Zum Beispiel: Haus – Haus. Haus und Haus hören sich **gleich** an. Hose – Dose. Hose und Dose hören sich **verschieden** an."*

	Kind sagt:	+	–		Kind sagt:	+	–
Hund – Tag				Keller – Teller			
Maus – Maus				Schlüssel – Schüssel			
Wand – Wind				Tanne – Tanne			
Sonne – Tonne				Tasche – Flasche			
Dach – Fach				Flieder – Flieger			

6.2 Reimwörter: *„Welche Wörter hören sich ähnlich an?"*

Prüfer/Prüferin sagt:
*„Ich sage dir immer drei Wörter, zwei davon klingen **ähnlich**. Sage mir, welche Wörter **ähnlich** klingen. Zum Beispiel: Haus – Maus – Blume. Haus und Maus klingen **ähnlich**."*

	Kind sagt:	+	–
Hose – Dose – Hemd			
Kopf – Hand – Wand			
Fisch – Hund – Tisch			

6.3 Wortlänge: *„Welches Wort ist länger?"*

Prüfer/Prüferin sagt:
*„Ich sage zwei Wörter. Welches Wort ist **länger**? Zum Beispiel: Regenjacke – Tür. Das Wort Regenjacke ist **länger**."*

	Kind sagt:	+	–
Schmetterling – Brett			
Haus – Klettergerüst			
Sandkasten – Baum			

Name:

Auswertungsbogen (4- bis 5-Jährige):

		unauffällig	erreichte Punktzahl	Förderbedarf	
				nein	ja
1.	Spontansprache				
2.	Sprachverständnis	5–9 Punkte			
3.	Sprachproduktion	4–6 Punkte			
4.	**Wortschatz/Artikulation/Begriffsbildung**				
4.1	Artikulation	8–14 Punkte			
4.1	Nomen (Gegenstände)	11–14 Punkte			
4.2	**Adjektive**				
	Farben erkannt	3–4 Punkte			
	Adjektiv benannt	1–4 Punkte			
	Eigenschaften erkannt	2–4 Punkte			
	Adjektiv benannt	1–4 Punkte			
	Formen erkannt	2–4 Punkte			
	Adjektiv benannt	1–4 Punkte			
4.3	**Verben**				
	Tätigkeit erkannt	2–4 Punkte			
	mit Verb benannt	1–4 Punkte			
5.	**Grammatik**				
5.1	Pluralbildung (Mehrzahl)	3–5 Punkte			
5.2	**Satzbildung**				
5.2.1	Subjekt-Verb, 3. Person Singular	2–4 Punkte			
5.2.2	Präposition im Akkusativkontext	1–3 Punkte			
5.2.3	Präposition im Dativkontext	1–3 Punkte			
5.2.4	Nebensatzbildung mit Konjunktion	1–3 Punkte			
5.2.5	Partizipbildung	1–3 Punkte			

ergänzende Informationen (Eltern)

ergänzende Informationen (Kindergarten, Schule) Sozial-, Spiel-, Arbeits-, Sprachverhalten

Name:

Bewertung (4- bis 5-Jährige):

Die Sprache des Kindes ist	unauffällig	auffällig
Eine weitere Überprüfung ist	nicht notwendig	notwendig

Rücksprache mit den Eltern

ist erforderlich		nein	ja

Weitere diagnostische Abklärungen

Hausarzt/ärztin		Sprachheilbeauftragte/r	
Kinderarzt/ärztin		Sprachheilpädagoge/in	
HNO-Arzt/ärztin		Logopäde/in	
Augenarzt/ärztin		sonstige	

Eingeleitete Maßnahmen

(Datum und Unterschrift des Prüfers/der Prüferin)

Name:

Auswertungsbogen (5- bis 6-Jährige):

		unauffällig	erreichte Punktzahl	Förderbedarf	
				nein	ja
1.	Spontansprache				
2.	Sprachverständnis	6–9 Punkte			
3.	Sprachproduktion	5–6 Punkte			
4.	**Wortschatz/Artikulation/Begriffsbildung**				
4.1	Artikulation	12–14 Punkte			
4.1	Nomen (Gegenstände)	5–14 Punkte			
4.2	**Adjektive**				
	Farben erkannt	3–4 Punkte			
	Adjektiv benannt	3–4 Punkte			
	Eigenschaften erkannt	3–4 Punkte			
	Adjektiv benannt	3–4 Punkte			
	Formen erkannt	3–4 Punkte			
	Adjektiv benannt	3–4 Punkte			
4.3	**Verben**				
	Tätigkeit erkannt	3–4 Punkte			
	mit Verb benannt	3–4 Punkte			
5.	**Grammatik**				
5.1	Pluralbildung (Mehrzahl)	4–5 Punkte			
5.2	**Satzbildung**				
5.2.1	Subjekt-Verb, 3. Person Singular	3–4 Punkte			
5.2.2	Präposition im Akkusativkontext	2–3 Punkte			
5.2.3	Präposition im Dativkontext	2–3 Punkte			
5.2.4	Nebensatzbildung mit Konjunktion	2–3 Punkte			
5.2.5	Partizipbildung	2–3 Punkte			
6.	**Phonologische Diskriminationsfähigkeit**				
6.1	auditive Wahrnehmung	6–9 Punkte			
6.2	Reimwörter	1–3 Punkte			
6.3	Wortlänge	1–3 Punkte			

ergänzende Informationen (Eltern)

ergänzende Informationen (Kindergarten, Schule) Sozial-, Spiel-, Arbeits-, Sprachverhalten

Name:

Bewertung (5- bis 6-Jährige):

Die Sprache des Kindes ist	unauffällig	auffällig
Eine weitere Überprüfung ist	nicht notwendig	notwendig

Das Kind braucht nach meiner Einschätzung:

keine zusätzliche Förderung	ja
einen Deutsch-Sprachkurs	ja
sprachheilpädagogische/logopädische Förderung	ja

Rücksprache erforderlich:

mit den Eltern	nein	ja
mit dem Kindergarten	nein	ja
mit der aufnehmenden Schule	nein	ja
mit dem/der Klassenlehrer/in	nein	ja

Weitere diagnostische Abklärungen

Hausarzt/ärztin		Sprachheilbeauftragte/r	
Kinderarzt/ärztin		Sprachheilpädagoge/in	
HNO-Arzt/ärztin		Logopäde/in	
Augenarzt/ärztin		sonstige	

Eingeleitete Maßnahmen

(Datum und Unterschrift des Prüfers/der Prüferin)

Inge Holler-Zittlau / Winfried Dux
Roswitha Berger

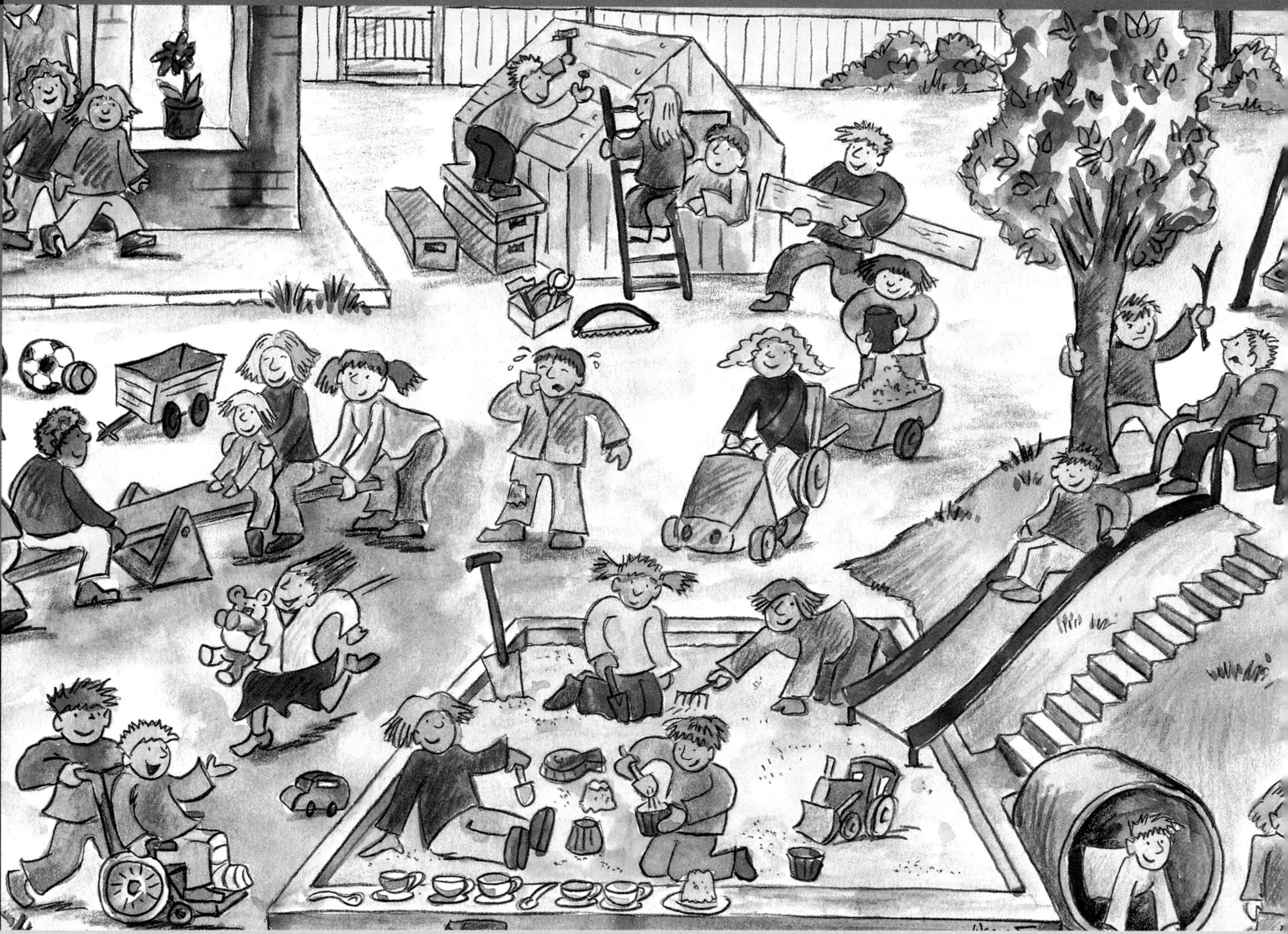

Marburger Sprach-Screening für 4- bis 6-jährige Kinder (MSS)

Ein Sprachprüfverfahren für Kindergarten und Schule

Inhalt:

- Mantelbogen
- Ergänzende Informationen (Eltern)
- Ergänzende Informationen (Kindergarten/Schule)
- Kontaktaufnahme mit dem Kind
- Überprüfung der Sprachkenntnisse
- Auswertungsbogen (4- bis 5-Jährige)
- Bewertungsbogen (4- bis 5-Jährige)
- Auswertungsbogen (5- bis 6-Jährige)
- Bewertungsbogen (5- bis 6-Jährige)

10er-Pack Testbögen

ISBN 3-89358-998-8

Mantelbogen

Einrichtung (Anschrift)	
Prüfer/Prüferin	Kind

	Jahr	Monat	Tag
Untersuchungstag			
Geburtstag des Kindes			
Alter des Kindes			

männlich	weiblich	Muttersprache: Deutsch	ja	nein
		Muttersprache:		
Welche Sprache wird in der Familie hauptsächlich gesprochen?					

Name:

Ergänzende Informationen (Eltern)

	immer	häufig	manchmal	selten	nie
Geht Ihr Kind regelmäßig in den Kindergarten?					
Geht Ihr Kind gerne in den Kindergarten?					
Erzählt Ihr Kind etwas von seinen Freunden/Freundinnen oder aus dem Kindergarten?					
Erzählt Ihr Kind gerne „kleine" Geschichten?					
Malt Ihr Kind gerne?					
Kann Ihr Kind einen Ball mit beiden Händen fangen?					
Kann Ihr Kind sich längere Zeit selbst beschäftigen?					
Ist Ihr Kind häufig erkältet?					
Haben Sie den Eindruck, dass Ihr Kind richtig hört?					

Ist bereits eine Hörüberprüfung erfolgt? Wenn ja, wann?	ja	nein
Hat die Hörüberprüfung Auffälligkeiten ergeben?	ja	nein

Besonderheiten in der körperlichen Entwicklung:

Besonderheiten in der sprachlichen Entwicklung:

Name:

Ergänzende Informationen (Kindergarten/Schule)

1. Sozial-, Spiel- und Arbeitsverhalten

	immer	häufig	manchmal	selten	nie
Das Kind nimmt aktiv am Gruppengeschehen teil.					
Das Kind spielt gerne mit anderen Kindern zusammen.					
Das Kind ist schüchtern, spielt am liebsten alleine.					
Das Kind wird wegen seiner geringen Sprachkenntnisse vom Spiel ausgeschlossen.					
Das Kind entwickelt viele Spielideen.					
Das Kind spielt Rollen- und Phantasiespiele.					
Das Kind spielt mit Material, mit dem man bauen und konstruieren muss.					
Das Kind spielt nur, wenn man ihm sagt, was es spielen soll.					
Das Kind führt Aufgaben selbstständig durch.					
Das Kind bricht bei Schwierigkeiten das Spiel ab.					
Das Kind hilft anderen Kindern.					
Das Kind zieht sich alleine Jacke und Schuhe an/aus.					
Das Kind malt gerne.					

2. Sprachverhalten

	immer	häufig	manchmal	selten	nie
Das Kind stellt viele Fragen.					
Das Kind versteht Spiel- und Arbeitsanweisungen richtig.					
Das Kind spricht nur, wenn es aufgefordert/gefragt wird.					
Das Kind spricht nur mit der Erzieherin.					
Das Kind spricht nur mit einzelnen ausgewählten Kindern.					
Das Kind spricht sehr leise.					
Das Kind spricht oft mit lauter Stimme (es schreit).					
Das Kind vermeidet das Sprechen.					
Das Kind verständigt sich durch Gesten.					
Das Kind stottert.					

Name:

Kontaktaufnahme mit dem Kind

	Antwort des Kindes:
Wie heißt du?	
Wie alt bist du?	
Wann hast du Geburtstag?	
Wo wohnst du?	
Gehst du gern in den Kindergarten?	
Was gefällt dir dort am besten?	
Was gefällt dir dort nicht?	
Womit spielst du gerne?	
Mit wem spielst du gerne?	

Bemerkungen:

Überprüfung der Sprachkenntnisse (Bildvorlage „Spielplatz")

1. Spontansprache

Prüfer/Prüferin zeigt dem Kind das Bild und sagt:
„Schau mal hier, ich habe dir ein Bild mitgebracht. Darauf ist viel zu sehen. Was siehst du? Was machen die Kinder?"

Kind spricht spontan über das Bild	ja	nein

Äußerungen des Kindes:

2. Sprachverständnis

Prüfer/Prüferin nennt einzelne Personen/Gegenstände und Situationen und fordert das Kind auf, diese zu zeigen.

„Zeige mir…?"

	zeigt stattdessen:	+	–
einen Baum			
ein Buch			
die Rutsche			
*ein Kind **im** Sandkasten*			
*einen Jungen **mit** einer blauen Hose*			
*das Mädchen **auf** der Schaukel*			
*den Wagen **hinter** der Wippe*			
*den Jungen **neben** dem Klettergerüst*			
*eine grüne Kiste **unter** dem Brett*			
das Mädchen, das den Sand in den Anhänger schüttet			

3. Sprachproduktion

Prüfer/Prüferin gibt dem Kind das Bild und sagt:
"Sage mir nun, was ich dir zeigen soll!"

Kind sagt:

1		
2		
3		
4	+	−
5		
6	+	−

4. Wortschatz/Artikulation/Begriffsbildung

4.1 Artikulation und Nomen (Gegenstände)

Prüfer/Prüferin zeigt verschiedene Gegenstände auf dem Bild und fragt:
"Was ist das?"

Gezeigter Gegenstand	Lautbildung				Wortschatz		
	Prüflaut	Ersatzlaut	+	−	Kind nennt stattdessen	+	−
Ball	B						
Da**ch**	ch_2						
Fahne	F						
Wagen	W						
Bü**ch**er	ch_1						
Sandkasten	S						
Kind	K						
Schaukel	Sch						
Ki**st**e	st						
Blume	Bl						
Klettergerüst	Kl						
Rutsche	R						
Treppe	Tr						
Krone	Kr						

4.2 Adjektive (Farben, Eigenschaften und Formen)

Prüfer/Prüferin zeigt auf Farben, Eigenschaften und Formen verschiedener Gegenstände auf dem Bild und fragt:

			Eigenschaft erkannt		Adjektiv benannt	
Welche Farbe hat/haben …?	erw. Antwort	Antwort des Kindes	+	−	+	−
der Ball	rot					
der Pulli	gelb					
die Hose des Kindes	blau					
die Blätter des Baumes	grün					
Wie fühlt sich das an …?						
der Teddy	weich					
das Gras	nass, weich					
das Brett	hart, kantig					
die Rutsche	hart, glatt					
Welche Form hat …?						
der Ball	rund					
die Kiste	eckig					
das Fenster	(vier)eckig					
das Rohr	rund					

4.3 Verben (Tätigkeiten)

Prüfer/Prüferin zeigt auf bestimmte Kinder des Bildes und fragt:

„Was machen die Kinder …?"

	erwartete Antwort	Antwort des Kindes	Tätigkeit erkannt		mit Verb benannt	
			+	−	+	−
… auf der Schaukel	Sie schaukeln.					
… auf der Rutsche	Sie rutschen.					
… im Sandkasten	Sie spielen. Sie bauen.					
… auf der Wiese	Sie lesen, sie schauen ein Buch an.					

5. Grammatik

5.1 Pluralbildung (Mehrzahl)

Prüfer/Prüferin zeigt …

	Antwort des Kindes:	+	−
… auf das Mädchen mit der Krone und sagt: *„Hier ist ein Kind."* Er/Sie zeigt dann auf die Kinder auf der Schaukel und fragt: *„Und hier sind viele …?"*	Kinder		
… zeigt auf den großen Baum und sagt: *„Hier ist ein Baum."* Er/Sie zeigt dann auf die Bäume im Hintergrund und fragt: *„Und hier sind …?"*	Bäume		
… auf den roten Ball und sagt: *„Hier ist ein Ball."* Er/Sie zeigt dann auf die Bälle neben dem Wagen und fragt: *„Und hier sind …?"*	Bälle		
… auf das Lila Auto und sagt: *„Hier ist ein Auto."* Er/Sie zeigt dann auf das rote und das blaue Auto und fragt: *„Und hier sind …?"*	Autos		
… auf eine Blume neben dem Kind mit der Krone und sagt: *„Hier ist eine Blume."* Er/Sie zeigt dann auf die anderen Blumen und fragt: *„Und hier sind …?"*	Blumen		

5.2 Satzbildung

5.2.1 Subjekt-Verb, 3. Person Singular (Einzahl)

Beispiel: Prüfer/Prüferin zeigt auf das schaukelnde Mädchen und sagt:
„Guck mal, das Mädchen schaukelt."

Prüfer/Prüferin zeigt …

	Antwort des Kindes:	+	−
… auf das Mädchen mit dem Teddy und fragt: *„Und was macht das Mädchen? Das Mädchen …"*	… rennt.		
… auf den Jungen auf der Schaukel und sagt: *„Was macht der Junge? Der Junge …"*	… schaukelt. … sitzt.		
… auf das Mädchen auf dem Traktor und fragt: *„Und was macht das Mädchen?"*	… fährt.		
… auf den Jungen auf der Rutsche und fragt: *„Und was macht der Junge da?"*	… rutscht.		

5.2.2 Präposition im Akkusativkontext

Prüfer/Prüferin zeigt …

	Antwort des Kindes:	+	−
… auf den Jungen auf der Rutsche und fragt: *„**Wohin** rutscht der Junge?"*	… **in den** Sandkasten.		
… auf das Mädchen auf der Leiter und fragt: *„**Wohin** klettert das Mädchen?"*	… **auf das** Dach, das Haus.		
… auf die gelbe Kiste mit dem Werkzeug und fragt: *„**Wohin** hat der Junge den Hammer und die Zange gelegt?"*	… **in die** Kiste.		

5.2.3 Präposition im Dativkontext

Prüfer/Prüferin zeigt …

	Antwort des Kindes:	+	−
… auf das Mädchen mit dem Eimer beim Traktor und fragt: *„**Woher** hat das Mädchen den Sand geholt?"*	… **aus dem** Sandkasten.		
… auf die Kinder und den Mann, die aus dem Haus kommen und fragt: *„**Woher** kommen die Kinder und der Mann?"*	… **aus dem** Haus, Zimmer.		
… auf die Kinder auf der Wippe und fragt: *„**Wo** sitzen die Kinder?"*	… **auf der** Wippe.		

5.2.4 Nebensatzbildung mit Konjunktion

Prüfer/Prüferin zeigt …

	Antwort des Kindes:	+	−
… auf den Jungen im Rollstuhl und fragt: *„Warum sitzt der Junge im Rollstuhl?"*	… **weil** er krank ist. … **weil** er nicht laufen kann.		
… auf das Mädchen mit der Krone und fragt: *„Warum hat das Mädchen eine Krone auf?"*	… **weil** es eine Prinzessin ist. … **weil** es Geburtstag hat.		
…auf den weinenden Jungen und fragt: *„Warum weint der Junge?"*	… **weil** er hingefallen ist. … **weil** die Hose kaputt ist.		

5.2.5 Partizipbildung

Prüfer/Prüferin zeigt …

	Antwort des Kindes:	+	−
… auf das Mädchen auf dem Klettergerüst und fragt: *„Wie ist das Mädchen auf das Klettergerüst gekommen?"*	Es ist **ge**klettert.		
… auf das kleine Kind auf der Wippe und fragt: *„Wie ist das kleine Kind auf die Wippe gekommen?"*	Es ist **ge**krabbelt. Es ist **ge**klettert. Es ist **ge**hoben …		
… auf den weinenden Jungen und fragt: *„Der Junge weint. Wie ist passiert?"*	Er ist **hinge**fallen. Er ist **ge**fallen. Er ist **ge**stürzt.		

6. Phonologische Diskriminationsfähigkeit

6.1 Auditive Wahrnehmung: „gleich oder verschieden?"

Prüfer/Prüferin sagt:
„*Ich sage dir immer zwei Wörter und du sagst mir, ob sie sich **gleich** oder **verschieden** anhören. Zum Beispiel: Haus – Haus. Haus und Haus hören sich **gleich** an. Hose – Dose. Hose und Dose hören sich **verschieden** an.*"

	Kind sagt:	+	−		Kind sagt:	+	−
Hund – Tag				Keller – Teller			
Maus – Maus				Schlüssel – Schüssel			
Wand – Wind				Tanne – Tanne			
Sonne – Tonne				Tasche – Flasche			
Dach – Fach				Flieder – Flieger			

6.2 Reimwörter: „Welche Wörter hören sich ähnlich an?"

Prüfer/Prüferin sagt:
„*Ich sage dir immer drei Wörter, zwei davon klingen **ähnlich**. Sage mir, welche Wörter **ähnlich** klingen. Zum Beispiel: Haus – Maus – Blume. Haus und Maus klingen **ähnlich**.*"

	Kind sagt:	+	−
Hose – Dose – Hemd			
Kopf – Hand – Wand			
Fisch – Hund – Tisch			

6.3 Wortlänge: „Welches Wort ist länger?"

Prüfer/Prüferin sagt:
„*Ich sage zwei Wörter. Welches Wort ist **länger**? Zum Beispiel: Regenjacke – Tür. Das Wort Regenjacke ist **länger**.*"

	Kind sagt:	+	−
Schmetterling – Brett			
Haus – Klettergerüst			
Sandkasten – Baum			

Name:

Auswertungsbogen (4- bis 5-Jährige):

		unauffällig	erreichte Punktzahl	Förderbedarf nein	Förderbedarf ja
1.	Spontansprache				
2.	Sprachverständnis	5–9 Punkte			
3.	Sprachproduktion	4–6 Punkte			
4.	**Wortschatz/Artikulation/Begriffsbildung**				
4.1	Artikulation	8–14 Punkte			
4.1	Nomen (Gegenstände)	11–14 Punkte			
4.2	**Adjektive**				
	Farben erkannt	3–4 Punkte			
	Adjektiv benannt	1–4 Punkte			
	Eigenschaften erkannt	2–4 Punkte			
	Adjektiv benannt	1–4 Punkte			
	Formen erkannt	2–4 Punkte			
	Adjektiv benannt	1–4 Punkte			
4.3	**Verben**				
	Tätigkeit erkannt	2–4 Punkte			
	mit Verb benannt	1–4 Punkte			
5.	**Grammatik**				
5.1	Pluralbildung (Mehrzahl)	3–5 Punkte			
5.2	**Satzbildung**				
5.2.1	Subjekt-Verb, 3. Person Singular	2–4 Punkte			
5.2.2	Präposition im Akkusativkontext	1–3 Punkte			
5.2.3	Präposition im Dativkontext	1–3 Punkte			
5.2.4	Nebensatzbildung mit Konjunktion	1–3 Punkte			
5.2.5	Partizipbildung	1–3 Punkte			

ergänzende Informationen (Eltern)

ergänzende Informationen (Kindergarten, Schule) Sozial-, Spiel-, Arbeits-, Sprachverhalten

Name:

Bewertung (4- bis 5-Jährige):

Die Sprache des Kindes ist	unauffällig	auffällig
Eine weitere Überprüfung ist	nicht notwendig	notwendig

Rücksprache mit den Eltern

ist erforderlich	nein	ja

Weitere diagnostische Abklärungen

Hausarzt/ärztin		Sprachheilbeauftragte/r	
Kinderarzt/ärztin		Sprachheilpädagoge/in	
HNO-Arzt/ärztin		Logopäde/in	
Augenarzt/ärztin		sonstige	

Eingeleitete Maßnahmen

(Datum und Unterschrift des Prüfers/der Prüferin)

Name:

Auswertungsbogen (5- bis 6-Jährige):

		unauffällig	erreichte Punktzahl	Förderbedarf nein	Förderbedarf ja
1.	Spontansprache				
2.	Sprachverständnis	6–9 Punkte			
3.	Sprachproduktion	5–6 Punkte			
4.	**Wortschatz/Artikulation/Begriffsbildung**				
4.1	Artikulation	12–14 Punkte			
4.1	Nomen (Gegenstände)	5–14 Punkte			
4.2	**Adjektive**				
	Farben erkannt	3–4 Punkte			
	Adjektiv benannt	3–4 Punkte			
	Eigenschaften erkannt	3–4 Punkte			
	Adjektiv benannt	3–4 Punkte			
	Formen erkannt	3–4 Punkte			
	Adjektiv benannt	3–4 Punkte			
4.3	**Verben**				
	Tätigkeit erkannt	3–4 Punkte			
	mit Verb benannt	3–4 Punkte			
5.	**Grammatik**				
5.1	Pluralbildung (Mehrzahl)	4–5 Punkte			
5.2	**Satzbildung**				
5.2.1	Subjekt-Verb, 3. Person Singular	3–4 Punkte			
5.2.2	Präposition im Akkusativkontext	2–3 Punkte			
5.2.3	Präposition im Dativkontext	2–3 Punkte			
5.2.4	Nebensatzbildung mit Konjunktion	2–3 Punkte			
5.2.5	Partizipbildung	2–3 Punkte			
6.	**Phonologische Diskriminationsfähigkeit**				
6.1	auditive Wahrnehmung	6–9 Punkte			
6.2	Reimwörter	1–3 Punkte			
6.3	Wortlänge	1–3 Punkte			

ergänzende Informationen (Eltern)

ergänzende Informationen (Kindergarten, Schule) Sozial-, Spiel-, Arbeits-, Sprachverhalten

Name:

Bewertung (5- bis 6-Jährige):

Die Sprache des Kindes ist	unauffällig	auffällig
Eine weitere Überprüfung ist	nicht notwendig	notwendig

Das Kind braucht nach meiner Einschätzung:

keine zusätzliche Förderung	ja
einen Deutsch-Sprachkurs	ja
sprachheilpädagogische/logopädische Förderung	ja

Rücksprache erforderlich:

mit den Eltern	nein	ja
mit dem Kindergarten	nein	ja
mit der aufnehmenden Schule	nein	ja
mit dem/der Klassenlehrer/in	nein	ja

Weitere diagnostische Abklärungen

Hausarzt/ärztin		Sprachheilbeauftragte/r	
Kinderarzt/ärztin		Sprachheilpädagoge/in	
HNO-Arzt/ärztin		Logopäde/in	
Augenarzt/ärztin		sonstige	

Eingeleitete Maßnahmen

(Datum und Unterschrift des Prüfers/der Prüferin)

**Inge Holler-Zittlau / Winfried Dux
Roswitha Berger**

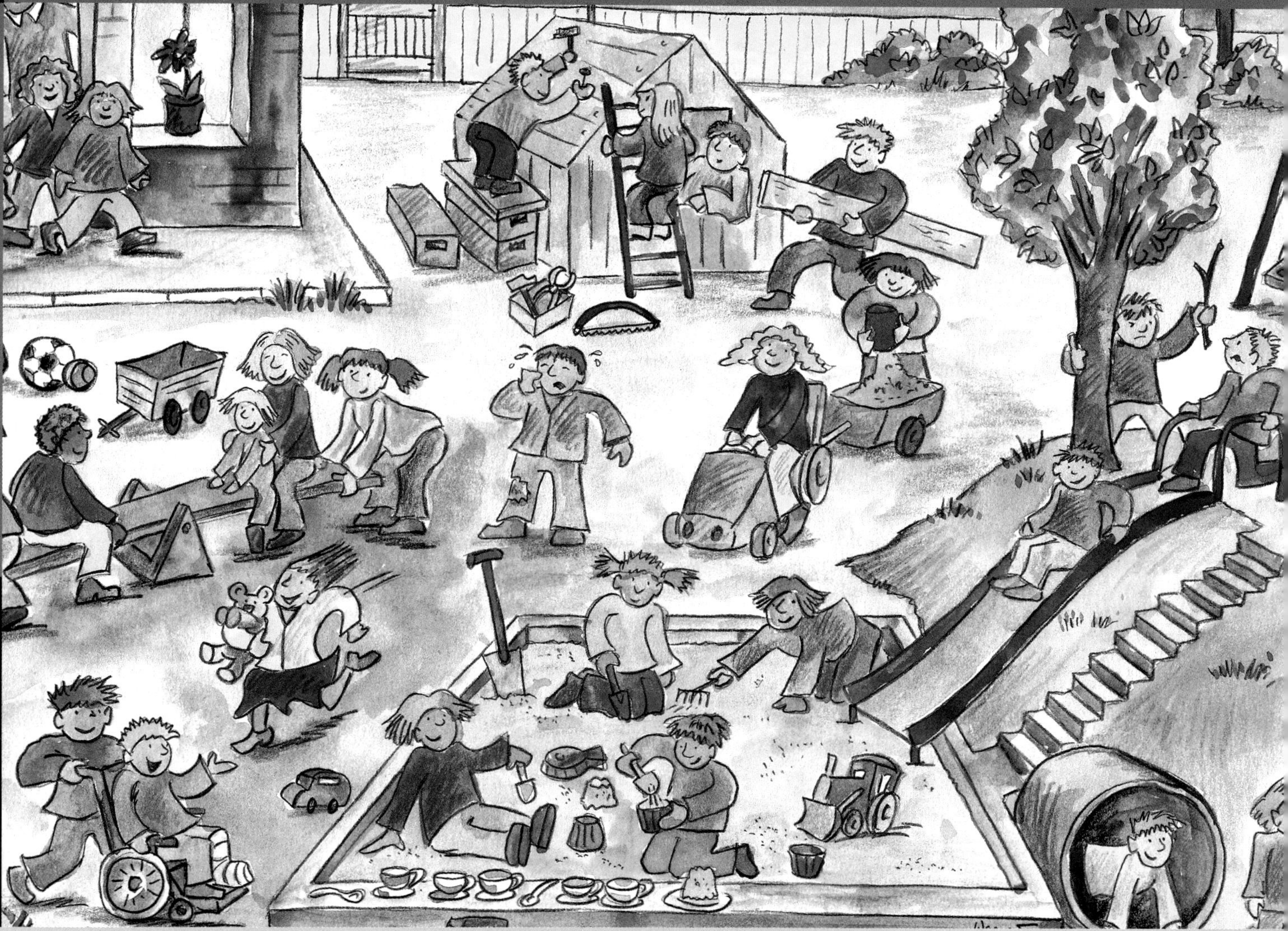

Marburger Sprach-Screening für 4- bis 6-jährige Kinder (MSS)

Ein Sprachprüfverfahren für Kindergarten und Schule

Inhalt:
- Mantelbogen
- Ergänzende Informationen (Eltern)
- Ergänzende Informationen (Kindergarten/Schule)
- Kontaktaufnahme mit dem Kind
- Überprüfung der Sprachkenntnisse
- Auswertungsbogen (4- bis 5-Jährige)
- Bewertungsbogen (4- bis 5-Jährige)
- Auswertungsbogen (5- bis 6-Jährige)
- Bewertungsbogen (5- bis 6-Jährige)

10er-Pack Testbögen

ISBN 3-89358-998-8

Persen

Mantelbogen

Einrichtung (Anschrift)	
Prüfer/Prüferin	Kind

	Jahr	Monat	Tag
Untersuchungstag			
Geburtstag des Kindes			
Alter des Kindes			

männlich	weiblich	Muttersprache: Deutsch	ja	nein
		Muttersprache:		
Welche Sprache wird in der Familie hauptsächlich gesprochen?					

Name:

Ergänzende Informationen (Eltern)

	immer	häufig	manchmal	selten	nie
Geht Ihr Kind regelmäßig in den Kindergarten?					
Geht Ihr Kind gerne in den Kindergarten?					
Erzählt Ihr Kind etwas von seinen Freunden/Freundinnen oder aus dem Kindergarten?					
Erzählt Ihr Kind gerne „kleine" Geschichten?					
Malt Ihr Kind gerne?					
Kann Ihr Kind einen Ball mit beiden Händen fangen?					
Kann Ihr Kind sich längere Zeit selbst beschäftigen?					
Ist Ihr Kind häufig erkältet?					
Haben Sie den Eindruck, dass Ihr Kind richtig hört?					

Ist bereits eine Hörüberprüfung erfolgt? Wenn ja, wann?	ja	nein
Hat die Hörüberprüfung Auffälligkeiten ergeben?	ja	nein

Besonderheiten in der körperlichen Entwicklung:

Besonderheiten in der sprachlichen Entwicklung:

Name:

Ergänzende Informationen (Kindergarten/Schule)

1. Sozial-, Spiel- und Arbeitsverhalten

	immer	häufig	manchmal	selten	nie
Das Kind nimmt aktiv am Gruppengeschehen teil.					
Das Kind spielt gerne mit anderen Kindern zusammen.					
Das Kind ist schüchtern, spielt am liebsten alleine.					
Das Kind wird wegen seiner geringen Sprachkenntnisse vom Spiel ausgeschlossen.					
Das Kind entwickelt viele Spielideen.					
Das Kind spielt Rollen- und Phantasiespiele.					
Das Kind spielt mit Material, mit dem man bauen und konstruieren muss.					
Das Kind spielt nur, wenn man ihm sagt, was es spielen soll.					
Das Kind führt Aufgaben selbstständig durch.					
Das Kind bricht bei Schwierigkeiten das Spiel ab.					
Das Kind hilft anderen Kindern.					
Das Kind zieht sich alleine Jacke und Schuhe an/aus.					
Das Kind malt gerne.					

2. Sprachverhalten

Das Kind stellt viele Fragen.					
Das Kind versteht Spiel- und Arbeitsanweisungen richtig.					
Das Kind spricht nur, wenn es aufgefordert/gefragt wird.					
Das Kind spricht nur mit der Erzieherin.					
Das Kind spricht nur mit einzelnen ausgewählten Kindern.					
Das Kind spricht sehr leise.					
Das Kind spricht oft mit lauter Stimme (es schreit).					
Das Kind vermeidet das Sprechen.					
Das Kind verständigt sich durch Gesten.					
Das Kind stottert.					

Name:

Kontaktaufnahme mit dem Kind

	Antwort des Kindes:
Wie heißt du?	
Wie alt bist du?	
Wann hast du Geburtstag?	
Wo wohnst du?	
Gehst du gern in den Kindergarten?	
Was gefällt dir dort am besten?	
Was gefällt dir dort nicht?	
Womit spielst du gerne?	
Mit wem spielst du gerne?	

Bemerkungen:

Überprüfung der Sprachkenntnisse
(Bildvorlage „Spielplatz")

1. Spontansprache

Prüfer/Prüferin zeigt dem Kind das Bild und sagt:
„*Schau mal hier, ich habe dir ein Bild mitgebracht. Darauf ist viel zu sehen. Was siehst du? Was machen die Kinder?*"

Kind spricht spontan über das Bild	ja	nein

Äußerungen des Kindes:

2. Sprachverständnis

Prüfer/Prüferin nennt einzelne Personen/Gegenstände und Situationen und fordert das Kind auf, diese zu zeigen.

„*Zeige mir…?*"

	zeigt stattdessen:	+	–
einen Baum			
ein Buch			
die Rutsche			
ein Kind **im** Sandkasten			
einen Jungen **mit** einer blauen Hose			
das Mädchen **auf** der Schaukel			
den Wagen **hinter** der Wippe			
den Jungen **neben** dem Klettergerüst			
eine grüne Kiste **unter** dem Brett			
das Mädchen, das den Sand in den Anhänger schüttet			

3. Sprachproduktion

Prüfer/Prüferin gibt dem Kind das Bild und sagt:
„Sage mir nun, was ich dir zeigen soll!"

Kind sagt:

1		
2		
3		
4	+	−
5		
6	+	−

4. Wortschatz/Artikulation/Begriffsbildung

4.1 Artikulation und Nomen (Gegenstände)

Prüfer/Prüferin zeigt verschiedene Gegenstände auf dem Bild und fragt:
„Was ist das?"

Gezeigter Gegenstand	Lautbildung				Wortschatz		
	Prüflaut	Ersatzlaut	+	−	Kind nennt stattdessen	+	−
Ball	B						
Da**ch**	ch_2						
Fahne	F						
Wagen	W						
Bü**ch**er	ch_1						
Sandkasten	S						
Kind	K						
Schaukel	Sch						
Ki**st**e	st						
Blume	Bl						
Klettergerüst	Kl						
Rutsche	R						
Treppe	Tr						
Krone	Kr						

4.2 Adjektive (Farben, Eigenschaften und Formen)

Prüfer/Prüferin zeigt auf Farben, Eigenschaften und Formen verschiedener Gegenstände auf dem Bild und fragt:

			Eigenschaft erkannt		Adjektiv benannt	
			+	–	+	–
Welche Farbe hat/haben …?	erw. Antwort	Antwort des Kindes				
der Ball	rot					
der Pulli	gelb					
die Hose des Kindes	blau					
die Blätter des Baumes	grün					
Wie fühlt sich das an …?						
der Teddy	weich					
das Gras	nass, weich					
das Brett	hart, kantig					
die Rutsche	hart, glatt					
Welche Form hat …?						
der Ball	rund					
die Kiste	eckig					
das Fenster	(vier)eckig					
das Rohr	rund					

4.3 Verben (Tätigkeiten)

Prüfer/Prüferin zeigt auf bestimmte Kinder des Bildes und fragt:

„Was machen die Kinder …?"

			Tätigkeit erkannt		mit Verb benannt	
	erwartete Antwort	Antwort des Kindes	+	–	+	–
… auf der Schaukel	Sie schaukeln.					
… auf der Rutsche	Sie rutschen.					
… im Sandkasten	Sie spielen. Sie bauen.					
… auf der Wiese	Sie lesen, sie schauen ein Buch an.					

5. Grammatik

5.1 Pluralbildung (Mehrzahl)

Prüfer/Prüferin zeigt …

Prüfer/Prüferin zeigt …	Antwort des Kindes:	+	−
… auf das Mädchen mit der Krone und sagt: *„Hier ist ein Kind."* Er/Sie zeigt dann auf die Kinder auf der Schaukel und fragt: *„Und hier sind viele …?"*	Kinder		
… zeigt auf den großen Baum und sagt: *„Hier ist ein Baum."* Er/Sie zeigt dann auf die Bäume im Hintergrund und fragt: *„Und hier sind …?"*	Bäume		
… auf den roten Ball und sagt: *„Hier ist ein Ball."* Er/Sie zeigt dann auf die Bälle neben dem Wagen und fragt: *„Und hier sind …?"*	Bälle		
… auf das Lila Auto und sagt: *„Hier ist ein Auto."* Er/Sie zeigt dann auf das rote und das blaue Auto und fragt: *„Und hier sind …?"*	Autos		
… auf eine Blume neben dem Kind mit der Krone und sagt: *„Hier ist eine Blume."* Er/Sie zeigt dann auf die anderen Blumen und fragt: *„Und hier sind …?"*	Blumen		

5.2 Satzbildung

5.2.1 Subjekt-Verb, 3. Person Singular (Einzahl)

Beispiel: Prüfer/Prüferin zeigt auf das schaukelnde Mädchen und sagt: *„Guck mal, das Mädchen schaukelt."*

Prüfer/Prüferin zeigt …	Antwort des Kindes:	+	−
… auf das Mädchen mit dem Teddy und fragt: *„Und was macht das Mädchen? Das Mädchen …"*	… rennt.		
… auf den Jungen auf der Schaukel und sagt: *„Was macht der Junge? Der Junge …"*	… schaukelt. … sitzt.		
… auf das Mädchen auf dem Traktor und fragt: *„Und was macht das Mädchen?"*	… fährt.		
… auf den Jungen auf der Rutsche und fragt: *„Und was macht der Junge da?"*	… rutscht.		

5.2.2 Präposition im Akkusativkontext

Prüfer/Prüferin zeigt …

	Antwort des Kindes:	+	−
… auf den Jungen auf der Rutsche und fragt: *"**Wohin** rutscht der Junge?"*	… **in den** Sandkasten.		
… auf das Mädchen auf der Leiter und fragt: *"**Wohin** klettert das Mädchen?"*	… **auf das** Dach, das Haus.		
… auf die gelbe Kiste mit dem Werkzeug und fragt: *"**Wohin** hat der Junge den Hammer und die Zange gelegt?"*	… **in die** Kiste.		

5.2.3 Präposition im Dativkontext

Prüfer/Prüferin zeigt …

	Antwort des Kindes:	+	−
… auf das Mädchen mit dem Eimer beim Traktor und fragt: *"**Woher** hat das Mädchen den Sand geholt?"*	… **aus dem** Sandkasten.		
… auf die Kinder und den Mann, die aus dem Haus kommen und fragt: *"**Woher** kommen die Kinder und der Mann?"*	… **aus dem** Haus, Zimmer.		
… auf die Kinder auf der Wippe und fragt: *"**Wo** sitzen die Kinder?"*	… **auf der** Wippe.		

5.2.4 Nebensatzbildung mit Konjunktion

Prüfer/Prüferin zeigt …

	Antwort des Kindes:	+	−
… auf den Jungen im Rollstuhl und fragt: *„**Warum** sitzt der Junge im Rollstuhl?"*			
	… **weil** er krank ist. … **weil** er nicht laufen kann.		
… auf das Mädchen mit der Krone und fragt: *„**Warum** hat das Mädchen eine Krone auf?"*			
	… **weil** es eine Prinzessin ist. … **weil** es Geburtstag hat.		
…auf den weinenden Jungen und fragt: *„**Warum** weint der Junge?"*			
	… **weil** er hingefallen ist. … **weil** die Hose kaputt ist.		

5.2.5 Partizipbildung

Prüfer/Prüferin zeigt …

	Antwort des Kindes:	+	−
… auf das Mädchen auf dem Klettergerüst und fragt: *„**Wie** ist das Mädchen auf das Klettergerüst gekommen?"*			
	Es ist **ge**klettert.		
… auf das kleine Kind auf der Wippe und fragt: *„**Wie** ist das kleine Kind auf die Wippe gekommen?"*			
	Es ist **ge**krabbelt. Es ist **ge**klettert. Es ist **ge**hoben …		
… auf den weinenden Jungen und fragt: *„Der Junge weint. **Wie** ist passiert?"*			
	Er ist **hinge**fallen. Er ist **ge**fallen. Er ist **ge**stürzt.		

6. Phonologische Diskriminationsfähigkeit

6.1 Auditive Wahrnehmung: „gleich oder verschieden?"

Prüfer/Prüferin sagt:
„*Ich sage dir immer zwei Wörter und du sagst mir, ob sie sich **gleich** oder **verschieden** anhören. Zum Beispiel: Haus – Haus. Haus und Haus hören sich **gleich** an. Hose – Dose. Hose und Dose hören sich **verschieden** an.*"

	Kind sagt:	+	−		Kind sagt:	+	−
Hund – Tag				Keller – Teller			
Maus – Maus				Schlüssel – Schüssel			
Wand – Wind				Tanne – Tanne			
Sonne – Tonne				Tasche – Flasche			
Dach – Fach				Flieder – Flieger			

6.2 Reimwörter: *„Welche Wörter hören sich ähnlich an?"*

Prüfer/Prüferin sagt:
„*Ich sage dir immer drei Wörter, zwei davon klingen **ähnlich**. Sage mir, welche Wörter **ähnlich** klingen. Zum Beispiel: Haus – Maus – Blume. Haus und Maus klingen **ähnlich**.*"

	Kind sagt:	+	−
Hose – Dose – Hemd			
Kopf – Hand – Wand			
Fisch – Hund – Tisch			

6.3 Wortlänge: *„Welches Wort ist länger?"*

Prüfer/Prüferin sagt:
„*Ich sage zwei Wörter. Welches Wort ist **länger**? Zum Beispiel: Regenjacke – Tür. Das Wort Regenjacke ist **länger**.*"

	Kind sagt:	+	−
Schmetterling – Brett			
Haus – Klettergerüst			
Sandkasten – Baum			

Name:

Auswertungsbogen (4- bis 5-Jährige):

		unauffällig	erreichte Punktzahl	Förderbedarf nein	Förderbedarf ja
1.	Spontansprache				
2.	Sprachverständnis	5–9 Punkte			
3.	Sprachproduktion	4–6 Punkte			
4.	**Wortschatz/Artikulation/Begriffsbildung**				
4.1	Artikulation	8–14 Punkte			
4.1	Nomen (Gegenstände)	11–14 Punkte			
4.2	**Adjektive**				
	Farben erkannt	3–4 Punkte			
	Adjektiv benannt	1–4 Punkte			
	Eigenschaften erkannt	2–4 Punkte			
	Adjektiv benannt	1–4 Punkte			
	Formen erkannt	2–4 Punkte			
	Adjektiv benannt	1–4 Punkte			
4.3	**Verben**				
	Tätigkeit erkannt	2–4 Punkte			
	mit Verb benannt	1–4 Punkte			
5.	**Grammatik**				
5.1	Pluralbildung (Mehrzahl)	3–5 Punkte			
5.2	**Satzbildung**				
5.2.1	Subjekt-Verb, 3. Person Singular	2–4 Punkte			
5.2.2	Präposition im Akkusativkontext	1–3 Punkte			
5.2.3	Präposition im Dativkontext	1–3 Punkte			
5.2.4	Nebensatzbildung mit Konjunktion	1–3 Punkte			
5.2.5	Partizipbildung	1–3 Punkte			

ergänzende Informationen (Eltern)

ergänzende Informationen (Kindergarten, Schule) Sozial-, Spiel-, Arbeits-, Sprachverhalten

Name:

Bewertung (4- bis 5-Jährige):

Die Sprache des Kindes ist	unauffällig	auffällig
Eine weitere Überprüfung ist	nicht notwendig	notwendig

Rücksprache mit den Eltern

ist erforderlich	nein	ja

Weitere diagnostische Abklärungen

Hausarzt/ärztin		Sprachheilbeauftragte/r	
Kinderarzt/ärztin		Sprachheilpädagoge/in	
HNO-Arzt/ärztin		Logopäde/in	
Augenarzt/ärztin		sonstige	

Eingeleitete Maßnahmen

(Datum und Unterschrift des Prüfers/der Prüferin)

Name:

Auswertungsbogen (5- bis 6-Jährige):

		unauffällig	erreichte Punktzahl	Förderbedarf nein	Förderbedarf ja
1.	Spontansprache				
2.	Sprachverständnis	6–9 Punkte			
3.	Sprachproduktion	5–6 Punkte			
4.	**Wortschatz/Artikulation/Begriffsbildung**				
4.1	Artikulation	12–14 Punkte			
4.1	Nomen (Gegenstände)	5–14 Punkte			
4.2	**Adjektive**				
	Farben erkannt	3–4 Punkte			
	Adjektiv benannt	3–4 Punkte			
	Eigenschaften erkannt	3–4 Punkte			
	Adjektiv benannt	3–4 Punkte			
	Formen erkannt	3–4 Punkte			
	Adjektiv benannt	3–4 Punkte			
4.3	**Verben**				
	Tätigkeit erkannt	3–4 Punkte			
	mit Verb benannt	3–4 Punkte			
5.	**Grammatik**				
5.1	Pluralbildung (Mehrzahl)	4–5 Punkte			
5.2	**Satzbildung**				
5.2.1	Subjekt-Verb, 3. Person Singular	3–4 Punkte			
5.2.2	Präposition im Akkusativkontext	2–3 Punkte			
5.2.3	Präposition im Dativkontext	2–3 Punkte			
5.2.4	Nebensatzbildung mit Konjunktion	2–3 Punkte			
5.2.5	Partizipbildung	2–3 Punkte			
6.	**Phonologische Diskriminationsfähigkeit**				
6.1	auditive Wahrnehmung	6–9 Punkte			
6.2	Reimwörter	1–3 Punkte			
6.3	Wortlänge	1–3 Punkte			

ergänzende Informationen (Eltern)

ergänzende Informationen (Kindergarten, Schule) Sozial-, Spiel-, Arbeits-, Sprachverhalten

Name:

Bewertung (5- bis 6-Jährige):

Die Sprache des Kindes ist	unauffällig	auffällig
Eine weitere Überprüfung ist	nicht notwendig	notwendig

Das Kind braucht nach meiner Einschätzung:

keine zusätzliche Förderung	ja
einen Deutsch-Sprachkurs	ja
sprachheilpädagogische/logopädische Förderung	ja

Rücksprache erforderlich:

mit den Eltern	nein	ja
mit dem Kindergarten	nein	ja
mit der aufnehmenden Schule	nein	ja
mit dem/der Klassenlehrer/in	nein	ja

Weitere diagnostische Abklärungen

Hausarzt/ärztin		Sprachheilbeauftragte/r	
Kinderarzt/ärztin		Sprachheilpädagoge/in	
HNO-Arzt/ärztin		Logopäde/in	
Augenarzt/ärztin		sonstige	

Eingeleitete Maßnahmen

(Datum und Unterschrift des Prüfers/der Prüferin)

Bergedorfer® Förderdiagnostik

Inge Holler-Zittlau / Winfried Dux
Roswitha Berger

Marburger Sprach-Screening für 4- bis 6-jährige Kinder (MSS)

Ein Sprachprüfverfahren für Kindergarten und Schule

Inhalt:
- Mantelbogen
- Ergänzende Informationen (Eltern)
- Ergänzende Informationen (Kindergarten/Schule)
- Kontaktaufnahme mit dem Kind
- Überprüfung der Sprachkenntnisse
- Auswertungsbogen (4- bis 5-Jährige)
- Bewertungsbogen (4- bis 5-Jährige)
- Auswertungsbogen (5- bis 6-Jährige)
- Bewertungsbogen (5- bis 6-Jährige)

10er-Pack Testbögen

ISBN 3-89358-998-8

Mantelbogen

Einrichtung (Anschrift)	
Prüfer/Prüferin	Kind

	Jahr	Monat	Tag
Untersuchungstag			
Geburtstag des Kindes			
Alter des Kindes			

männlich	weiblich	Muttersprache: Deutsch	ja	nein
		Muttersprache:		
Welche Sprache wird in der Familie hauptsächlich gesprochen?				

Name:

Ergänzende Informationen (Eltern)

	immer	häufig	manchmal	selten	nie
Geht Ihr Kind regelmäßig in den Kindergarten?					
Geht Ihr Kind gerne in den Kindergarten?					
Erzählt Ihr Kind etwas von seinen Freunden/Freundinnen oder aus dem Kindergarten?					
Erzählt Ihr Kind gerne „kleine" Geschichten?					
Malt Ihr Kind gerne?					
Kann Ihr Kind einen Ball mit beiden Händen fangen?					
Kann Ihr Kind sich längere Zeit selbst beschäftigen?					
Ist Ihr Kind häufig erkältet?					
Haben Sie den Eindruck, dass Ihr Kind richtig hört?					

Ist bereits eine Hörüberprüfung erfolgt? Wenn ja, wann?	ja	nein
Hat die Hörüberprüfung Auffälligkeiten ergeben?	ja	nein

Besonderheiten in der körperlichen Entwicklung:

Besonderheiten in der sprachlichen Entwicklung:

Name:

Ergänzende Informationen (Kindergarten/Schule)

1. Sozial-, Spiel- und Arbeitsverhalten

	immer	häufig	manchmal	selten	nie
Das Kind nimmt aktiv am Gruppengeschehen teil.					
Das Kind spielt gerne mit anderen Kindern zusammen.					
Das Kind ist schüchtern, spielt am liebsten alleine.					
Das Kind wird wegen seiner geringen Sprachkenntnisse vom Spiel ausgeschlossen.					
Das Kind entwickelt viele Spielideen.					
Das Kind spielt Rollen- und Phantasiespiele.					
Das Kind spielt mit Material, mit dem man bauen und konstruieren muss.					
Das Kind spielt nur, wenn man ihm sagt, was es spielen soll.					
Das Kind führt Aufgaben selbstständig durch.					
Das Kind bricht bei Schwierigkeiten das Spiel ab.					
Das Kind hilft anderen Kindern.					
Das Kind zieht sich alleine Jacke und Schuhe an/aus.					
Das Kind malt gerne.					

2. Sprachverhalten

	immer	häufig	manchmal	selten	nie
Das Kind stellt viele Fragen.					
Das Kind versteht Spiel- und Arbeitsanweisungen richtig.					
Das Kind spricht nur, wenn es aufgefordert/gefragt wird.					
Das Kind spricht nur mit der Erzieherin.					
Das Kind spricht nur mit einzelnen ausgewählten Kindern.					
Das Kind spricht sehr leise.					
Das Kind spricht oft mit lauter Stimme (es schreit).					
Das Kind vermeidet das Sprechen.					
Das Kind verständigt sich durch Gesten.					
Das Kind stottert.					

Name:

Kontaktaufnahme mit dem Kind

	Antwort des Kindes:
Wie heißt du?	
Wie alt bist du?	
Wann hast du Geburtstag?	
Wo wohnst du?	
Gehst du gern in den Kindergarten?	
Was gefällt dir dort am besten?	
Was gefällt dir dort nicht?	
Womit spielst du gerne?	
Mit wem spielst du gerne?	

Bemerkungen:

Überprüfung der Sprachkenntnisse
(Bildvorlage „Spielplatz")

1. Spontansprache

Prüfer/Prüferin zeigt dem Kind das Bild und sagt:
„Schau mal hier, ich habe dir ein Bild mitgebracht. Darauf ist viel zu sehen. Was siehst du? Was machen die Kinder?"

Kind spricht spontan über das Bild	ja	nein

Äußerungen des Kindes:

2. Sprachverständnis

Prüfer/Prüferin nennt einzelne Personen/Gegenstände und Situationen und fordert das Kind auf, diese zu zeigen.

„Zeige mir…?"

	zeigt stattdessen:	+	−
einen Baum			
ein Buch			
die Rutsche			
ein Kind **im** Sandkasten			
einen Jungen **mit** einer blauen Hose			
das Mädchen **auf** der Schaukel			
den Wagen **hinter** der Wippe			
den Jungen **neben** dem Klettergerüst			
eine grüne Kiste **unter** dem Brett			
das Mädchen, das den Sand in den Anhänger schüttet			

3. Sprachproduktion

Prüfer/Prüferin gibt dem Kind das Bild und sagt:
"Sage mir nun, was ich dir zeigen soll!"

Kind sagt:

1		
2		
3		
4	+	−
5		
6	+	−

4. Wortschatz/Artikulation/Begriffsbildung

4.1 Artikulation und Nomen (Gegenstände)

Prüfer/Prüferin zeigt verschiedene Gegenstände auf dem Bild und fragt:
"Was ist das?"

Gezeigter Gegenstand	Lautbildung				Wortschatz		
	Prüflaut	Ersatzlaut	+	−	Kind nennt stattdessen	+	−
Ball	B						
Dach	ch$_2$						
Fahne	F						
Wagen	W						
Bü**ch**er	ch$_1$						
Sandkasten	S						
Kind	K						
Schaukel	Sch						
Ki**st**e	st						
Blume	Bl						
Klettergerüst	Kl						
Rutsche	R						
Treppe	Tr						
Krone	Kr						

4.2 Adjektive (Farben, Eigenschaften und Formen)

Prüfer/Prüferin zeigt auf Farben, Eigenschaften und Formen verschiedener Gegenstände auf dem Bild und fragt:

			Eigenschaft erkannt		Adjektiv benannt	
Welche Farbe hat/haben…?	erw. Antwort	Antwort des Kindes	+	–	+	–
der Ball	rot					
der Pulli	gelb					
die Hose des Kindes	blau					
die Blätter des Baumes	grün					
Wie fühlt sich das an…?						
der Teddy	weich					
das Gras	nass, weich					
das Brett	hart, kantig					
die Rutsche	hart, glatt					
Welche Form hat…?						
der Ball	rund					
die Kiste	eckig					
das Fenster	(vier)eckig					
das Rohr	rund					

4.3 Verben (Tätigkeiten)

Prüfer/Prüferin zeigt auf bestimmte Kinder des Bildes und fragt:

„Was machen die Kinder …?"

	erwartete Antwort	Antwort des Kindes	Tätigkeit erkannt		mit Verb benannt	
			+	–	+	–
… auf der Schaukel	Sie schaukeln.					
… auf der Rutsche	Sie rutschen.					
… im Sandkasten	Sie spielen. Sie bauen.					
… auf der Wiese	Sie lesen, sie schauen ein Buch an.					

5. Grammatik

5.1 Pluralbildung (Mehrzahl)

Prüfer/Prüferin zeigt …

Prüfer/Prüferin zeigt …	Antwort des Kindes:	+	−
… auf das Mädchen mit der Krone und sagt: *„Hier ist ein Kind."* Er/Sie zeigt dann auf die Kinder auf der Schaukel und fragt: *„Und hier sind viele …?"*	Kinder		
… zeigt auf den großen Baum und sagt: *„Hier ist ein Baum."* Er/Sie zeigt dann auf die Bäume im Hintergrund und fragt: *„Und hier sind …?"*	Bäume		
… auf den roten Ball und sagt: *„Hier ist ein Ball."* Er/Sie zeigt dann auf die Bälle neben dem Wagen und fragt: *„Und hier sind …?"*	Bälle		
… auf das Lila Auto und sagt: *„Hier ist ein Auto."* Er/Sie zeigt dann auf das rote und das blaue Auto und fragt: *„Und hier sind …?"*	Autos		
… auf eine Blume neben dem Kind mit der Krone und sagt: *„Hier ist eine Blume."* Er/Sie zeigt dann auf die anderen Blumen und fragt: *„Und hier sind …?"*	Blumen		

5.2 Satzbildung

5.2.1 Subjekt-Verb, 3. Person Singular (Einzahl)

Beispiel: Prüfer/Prüferin zeigt auf das schaukelnde Mädchen und sagt: *„Guck mal, das Mädchen schaukelt."*

Prüfer/Prüferin zeigt …	Antwort des Kindes:	+	−
… auf das Mädchen mit dem Teddy und fragt: *„Und was macht das Mädchen? Das Mädchen …"*	… rennt.		
… auf den Jungen auf der Schaukel und sagt: *„Was macht der Junge? Der Junge …"*	… schaukelt. … sitzt.		
… auf das Mädchen auf dem Traktor und fragt: *„Und was macht das Mädchen?"*	… fährt.		
… auf den Jungen auf der Rutsche und fragt: *„Und was macht der Junge da?"*	… rutscht.		

5.2.2 Präposition im Akkusativkontext

Prüfer/Prüferin zeigt …

	Antwort des Kindes:	+	−
… auf den Jungen auf der Rutsche und fragt: *„**Wohin** rutscht der Junge?"*			
	… **in den** Sandkasten.		
… auf das Mädchen auf der Leiter und fragt: *„**Wohin** klettert das Mädchen?"*			
	… **auf das** Dach, das Haus.		
… auf die gelbe Kiste mit dem Werkzeug und fragt: *„**Wohin** hat der Junge den Hammer und die Zange gelegt?"*			
	… **in die** Kiste.		

5.2.3 Präposition im Dativkontext

Prüfer/Prüferin zeigt …

	Antwort des Kindes:	+	−
… auf das Mädchen mit dem Eimer beim Traktor und fragt: *„**Woher** hat das Mädchen den Sand geholt?"*			
	… **aus dem** Sandkasten.		
… auf die Kinder und den Mann, die aus dem Haus kommen und fragt: *„**Woher** kommen die Kinder und der Mann?"*			
	… **aus dem** Haus, Zimmer.		
… auf die Kinder auf der Wippe und fragt: *„**Wo** sitzen die Kinder?"*			
	… **auf der** Wippe.		

5.2.4 Nebensatzbildung mit Konjunktion

Prüfer/Prüferin zeigt …

	Antwort des Kindes:	+	−
… auf den Jungen im Rollstuhl und fragt: *„**Warum** sitzt der Junge im Rollstuhl?"*	… **weil** er krank ist. … **weil** er nicht laufen kann.		
… auf das Mädchen mit der Krone und fragt: *„**Warum** hat das Mädchen eine Krone auf?"*	… **weil** es eine Prinzessin ist. … **weil** es Geburtstag hat.		
…auf den weinenden Jungen und fragt: *„**Warum** weint der Junge?"*	… **weil** er hingefallen ist. … **weil** die Hose kaputt ist.		

5.2.5 Partizipbildung

Prüfer/Prüferin zeigt …

	Antwort des Kindes:	+	−
… auf das Mädchen auf dem Klettergerüst und fragt: *„**Wie** ist das Mädchen auf das Klettergerüst **gekommen**?"*	Es ist **ge**klettert.		
… auf das kleine Kind auf der Wippe und fragt: *„**Wie** ist das kleine Kind auf die Wippe **gekommen**?"*	Es ist **ge**krabbelt. Es ist **ge**klettert. Es ist **ge**hoben …		
… auf den weinenden Jungen und fragt: *„Der Junge weint. **Wie** ist passiert?"*	Er ist **hinge**fallen. Er ist **ge**fallen. Er ist **ge**stürzt.		

6. Phonologische Diskriminationsfähigkeit

6.1 Auditive Wahrnehmung: „gleich oder verschieden?"

Prüfer/Prüferin sagt:
*„Ich sage dir immer zwei Wörter und du sagst mir, ob sie sich **gleich** oder **verschieden** anhören. Zum Beispiel: Haus – Haus. Haus und Haus hören sich **gleich** an. Hose – Dose. Hose und Dose hören sich **verschieden** an."*

	Kind sagt:	+	–		Kind sagt:	+	–
Hund – Tag				Keller – Teller			
Maus – Maus				Schlüssel – Schüssel			
Wand – Wind				Tanne – Tanne			
Sonne – Tonne				Tasche – Flasche			
Dach – Fach				Flieder – Flieger			

6.2 Reimwörter: *„Welche Wörter hören sich ähnlich an?"*

Prüfer/Prüferin sagt:
*„Ich sage dir immer drei Wörter, zwei davon klingen **ähnlich**. Sage mir, welche Wörter **ähnlich** klingen. Zum Beispiel: Haus – Maus – Blume. Haus und Maus klingen **ähnlich**."*

	Kind sagt:	+	–
Hose – Dose – Hemd			
Kopf – Hand – Wand			
Fisch – Hund – Tisch			

6.3 Wortlänge: *„Welches Wort ist länger?"*

Prüfer/Prüferin sagt:
*„Ich sage zwei Wörter. Welches Wort ist **länger**? Zum Beispiel: Regenjacke – Tür. Das Wort Regenjacke ist **länger**."*

	Kind sagt:	+	–
Schmetterling – Brett			
Haus – Klettergerüst			
Sandkasten – Baum			

Name:

Auswertungsbogen (4- bis 5-Jährige):

		unauffällig	erreichte Punktzahl	Förderbedarf nein	Förderbedarf ja
1.	Spontansprache				
2.	Sprachverständnis	5–9 Punkte			
3.	Sprachproduktion	4–6 Punkte			
4.	**Wortschatz/Artikulation/Begriffsbildung**				
4.1	Artikulation	8–14 Punkte			
4.1	Nomen (Gegenstände)	11–14 Punkte			
4.2	**Adjektive**				
	Farben erkannt	3–4 Punkte			
	Adjektiv benannt	1–4 Punkte			
	Eigenschaften erkannt	2–4 Punkte			
	Adjektiv benannt	1–4 Punkte			
	Formen erkannt	2–4 Punkte			
	Adjektiv benannt	1–4 Punkte			
4.3	**Verben**				
	Tätigkeit erkannt	2–4 Punkte			
	mit Verb benannt	1–4 Punkte			
5.	**Grammatik**				
5.1	Pluralbildung (Mehrzahl)	3–5 Punkte			
5.2	**Satzbildung**				
5.2.1	Subjekt-Verb, 3. Person Singular	2–4 Punkte			
5.2.2	Präposition im Akkusativkontext	1–3 Punkte			
5.2.3	Präposition im Dativkontext	1–3 Punkte			
5.2.4	Nebensatzbildung mit Konjunktion	1–3 Punkte			
5.2.5	Partizipbildung	1–3 Punkte			

ergänzende Informationen (Eltern)

ergänzende Informationen (Kindergarten, Schule) Sozial-, Spiel-, Arbeits-, Sprachverhalten

Name:

Bewertung (4- bis 5-Jährige):

Die Sprache des Kindes ist	unauffällig	auffällig
Eine weitere Überprüfung ist	nicht notwendig	notwendig

Rücksprache mit den Eltern

ist erforderlich	nein	ja

Weitere diagnostische Abklärungen

Hausarzt/ärztin		Sprachheilbeauftragte/r	
Kinderarzt/ärztin		Sprachheilpädagoge/in	
HNO-Arzt/ärztin		Logopäde/in	
Augenarzt/ärztin		sonstige	

Eingeleitete Maßnahmen

(Datum und Unterschrift des Prüfers/der Prüferin)

Name:

Auswertungsbogen (5- bis 6-Jährige):

		unauffällig	erreichte Punktzahl	Förderbedarf nein	Förderbedarf ja
1.	Spontansprache				
2.	Sprachverständnis	6–9 Punkte			
3.	Sprachproduktion	5–6 Punkte			
4.	**Wortschatz/Artikulation/Begriffsbildung**				
4.1	Artikulation	12–14 Punkte			
4.1	Nomen (Gegenstände)	5–14 Punkte			
4.2	**Adjektive**				
	Farben erkannt	3–4 Punkte			
	Adjektiv benannt	3–4 Punkte			
	Eigenschaften erkannt	3–4 Punkte			
	Adjektiv benannt	3–4 Punkte			
	Formen erkannt	3–4 Punkte			
	Adjektiv benannt	3–4 Punkte			
4.3	**Verben**				
	Tätigkeit erkannt	3–4 Punkte			
	mit Verb benannt	3–4 Punkte			
5.	**Grammatik**				
5.1	Pluralbildung (Mehrzahl)	4–5 Punkte			
5.2	**Satzbildung**				
5.2.1	Subjekt-Verb, 3. Person Singular	3–4 Punkte			
5.2.2	Präposition im Akkusativkontext	2–3 Punkte			
5.2.3	Präposition im Dativkontext	2–3 Punkte			
5.2.4	Nebensatzbildung mit Konjunktion	2–3 Punkte			
5.2.5	Partizipbildung	2–3 Punkte			
6.	**Phonologische Diskriminationsfähigkeit**				
6.1	auditive Wahrnehmung	6–9 Punkte			
6.2	Reimwörter	1–3 Punkte			
6.3	Wortlänge	1–3 Punkte			

ergänzende Informationen (Eltern)

ergänzende Informationen (Kindergarten, Schule) Sozial-, Spiel-, Arbeits-, Sprachverhalten

Name:

Bewertung (5- bis 6-Jährige):

Die Sprache des Kindes ist	unauffällig	auffällig
Eine weitere Überprüfung ist	nicht notwendig	notwendig

Das Kind braucht nach meiner Einschätzung:

keine zusätzliche Förderung	ja
einen Deutsch-Sprachkurs	ja
sprachheilpädagogische/logopädische Förderung	ja

Rücksprache erforderlich:

mit den Eltern	nein	ja
mit dem Kindergarten	nein	ja
mit der aufnehmenden Schule	nein	ja
mit dem/der Klassenlehrer/in	nein	ja

Weitere diagnostische Abklärungen

Hausarzt/ärztin		Sprachheilbeauftragte/r	
Kinderarzt/ärztin		Sprachheilpädagoge/in	
HNO-Arzt/ärztin		Logopäde/in	
Augenarzt/ärztin		sonstige	

Eingeleitete Maßnahmen

(Datum und Unterschrift des Prüfers/der Prüferin)

Inge Holler-Zittlau / Winfried Dux
Roswitha Berger

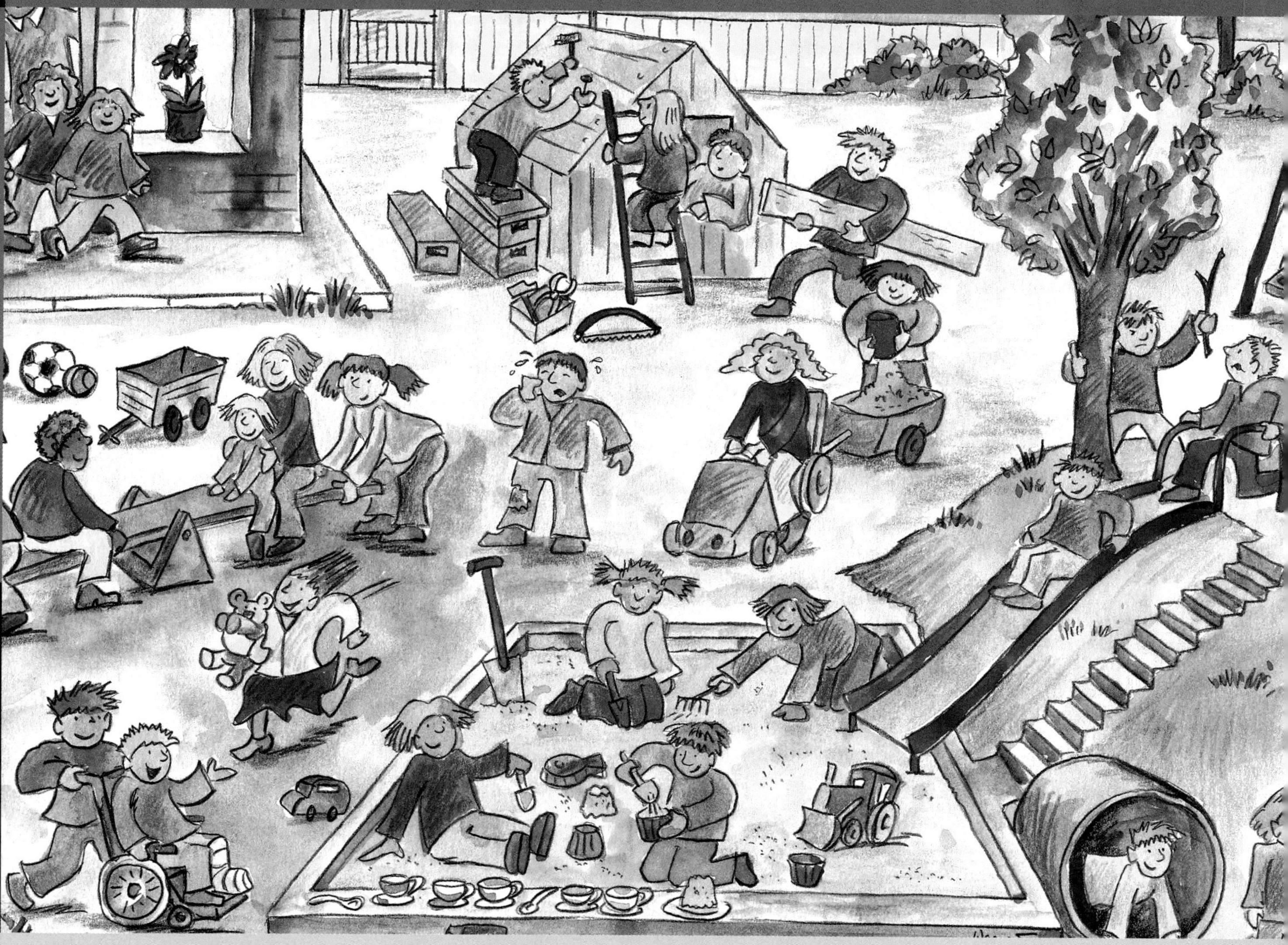

Marburger Sprach-Screening für 4- bis 6-jährige Kinder (MSS)

Ein Sprachprüfverfahren für Kindergarten und Schule

Inhalt:
- Mantelbogen
- Ergänzende Informationen (Eltern)
- Ergänzende Informationen (Kindergarten/Schule)
- Kontaktaufnahme mit dem Kind
- Überprüfung der Sprachkenntnisse
- Auswertungsbogen (4- bis 5-Jährige)
- Bewertungsbogen (4- bis 5-Jährige)
- Auswertungsbogen (5- bis 6-Jährige)
- Bewertungsbogen (5- bis 6-Jährige)

10er-Pack Testbögen

ISBN 3-89358-998-8

Mantelbogen

Einrichtung (Anschrift)	
Prüfer/Prüferin	Kind

	Jahr	Monat	Tag
Untersuchungstag			
Geburtstag des Kindes			
Alter des Kindes			

männlich	weiblich	Muttersprache: Deutsch	ja	nein
		Muttersprache:		
Welche Sprache wird in der Familie hauptsächlich gesprochen?				

Name:

Ergänzende Informationen (Eltern)

	immer	häufig	manchmal	selten	nie
Geht Ihr Kind regelmäßig in den Kindergarten?					
Geht Ihr Kind gerne in den Kindergarten?					
Erzählt Ihr Kind etwas von seinen Freunden/Freundinnen oder aus dem Kindergarten?					
Erzählt Ihr Kind gerne „kleine" Geschichten?					
Malt Ihr Kind gerne?					
Kann Ihr Kind einen Ball mit beiden Händen fangen?					
Kann Ihr Kind sich längere Zeit selbst beschäftigen?					
Ist Ihr Kind häufig erkältet?					
Haben Sie den Eindruck, dass Ihr Kind richtig hört?					

Ist bereits eine Hörüberprüfung erfolgt? Wenn ja, wann?	ja	nein
Hat die Hörüberprüfung Auffälligkeiten ergeben?	ja	nein

Besonderheiten in der körperlichen Entwicklung:

Besonderheiten in der sprachlichen Entwicklung:

Name:

Ergänzende Informationen (Kindergarten/Schule)

1. Sozial-, Spiel- und Arbeitsverhalten

	immer	häufig	manchmal	selten	nie
Das Kind nimmt aktiv am Gruppengeschehen teil.					
Das Kind spielt gerne mit anderen Kindern zusammen.					
Das Kind ist schüchtern, spielt am liebsten alleine.					
Das Kind wird wegen seiner geringen Sprachkenntnisse vom Spiel ausgeschlossen.					
Das Kind entwickelt viele Spielideen.					
Das Kind spielt Rollen- und Phantasiespiele.					
Das Kind spielt mit Material, mit dem man bauen und konstruieren muss.					
Das Kind spielt nur, wenn man ihm sagt, was es spielen soll.					
Das Kind führt Aufgaben selbstständig durch.					
Das Kind bricht bei Schwierigkeiten das Spiel ab.					
Das Kind hilft anderen Kindern.					
Das Kind zieht sich alleine Jacke und Schuhe an/aus.					
Das Kind malt gerne.					

2. Sprachverhalten

Das Kind stellt viele Fragen.					
Das Kind versteht Spiel- und Arbeitsanweisungen richtig.					
Das Kind spricht nur, wenn es aufgefordert/gefragt wird.					
Das Kind spricht nur mit der Erzieherin.					
Das Kind spricht nur mit einzelnen ausgewählten Kindern.					
Das Kind spricht sehr leise.					
Das Kind spricht oft mit lauter Stimme (es schreit).					
Das Kind vermeidet das Sprechen.					
Das Kind verständigt sich durch Gesten.					
Das Kind stottert.					

Name:

Kontaktaufnahme mit dem Kind

	Antwort des Kindes:
Wie heißt du?	
Wie alt bist du?	
Wann hast du Geburtstag?	
Wo wohnst du?	
Gehst du gern in den Kindergarten?	
Was gefällt dir dort am besten?	
Was gefällt dir dort nicht?	
Womit spielst du gerne?	
Mit wem spielst du gerne?	

Bemerkungen:

Überprüfung der Sprachkenntnisse (Bildvorlage „Spielplatz")

1. Spontansprache

Prüfer/Prüferin zeigt dem Kind das Bild und sagt:
„Schau mal hier, ich habe dir ein Bild mitgebracht. Darauf ist viel zu sehen. Was siehst du? Was machen die Kinder?"

Kind spricht spontan über das Bild	ja	nein

Äußerungen des Kindes:

2. Sprachverständnis

Prüfer/Prüferin nennt einzelne Personen/Gegenstände und Situationen und fordert das Kind auf, diese zu zeigen.

„Zeige mir…?"

	zeigt stattdessen:	+	–
einen Baum			
ein Buch			
die Rutsche			
ein Kind **im** Sandkasten			
einen Jungen **mit** einer blauen Hose			
das Mädchen **auf** der Schaukel			
den Wagen **hinter** der Wippe			
den Jungen **neben** dem Klettergerüst			
eine grüne Kiste **unter** dem Brett			
das Mädchen, das den Sand in den Anhänger schüttet			

3. Sprachproduktion

Prüfer/Prüferin gibt dem Kind das Bild und sagt:
„Sage mir nun, was ich dir zeigen soll!"

Kind sagt:

1		
2		
3		
4	+	–
5		
6	+	–

4. Wortschatz/Artikulation/Begriffsbildung

4.1 Artikulation und Nomen (Gegenstände)

Prüfer/Prüferin zeigt verschiedene Gegenstände auf dem Bild und fragt:
„Was ist das?"

	Lautbildung				Wortschatz		
Gezeigter Gegenstand	Prüflaut	Ersatzlaut	+	–	Kind nennt stattdessen	+	–
Ball	B						
Da**ch**	ch₂						
Fahne	F						
Wagen	W						
Bü**ch**er	ch₁						
Sandkasten	S						
Kind	K						
Schaukel	Sch						
Ki**st**e	st						
Blume	Bl						
Klettergerüst	Kl						
Rutsche	R						
Treppe	Tr						
Krone	Kr						

4.2 Adjektive (Farben, Eigenschaften und Formen)

Prüfer/Prüferin zeigt auf Farben, Eigenschaften und Formen verschiedener Gegenstände auf dem Bild und fragt:

			Eigenschaft erkannt		Adjektiv benannt	
Welche Farbe hat/haben …?	erw. Antwort	Antwort des Kindes	+	–	+	–
der Ball	rot					
der Pulli	gelb					
die Hose des Kindes	blau					
die Blätter des Baumes	grün					
Wie fühlt sich das an …?						
der Teddy	weich					
das Gras	nass, weich					
das Brett	hart, kantig					
die Rutsche	hart, glatt					
Welche Form hat …?						
der Ball	rund					
die Kiste	eckig					
das Fenster	(vier)eckig					
das Rohr	rund					

4.3 Verben (Tätigkeiten)

Prüfer/Prüferin zeigt auf bestimmte Kinder des Bildes und fragt:

„Was machen die Kinder …?"

			Tätigkeit erkannt		mit Verb benannt	
	erwartete Antwort	Antwort des Kindes	+	–	+	–
… auf der Schaukel	Sie schaukeln.					
… auf der Rutsche	Sie rutschen.					
… im Sandkasten	Sie spielen. Sie bauen.					
… auf der Wiese	Sie lesen, sie schauen ein Buch an.					

5. Grammatik

5.1 Pluralbildung (Mehrzahl)

Prüfer/Prüferin zeigt …

	Antwort des Kindes:	+	−
… auf das Mädchen mit der Krone und sagt: *„Hier ist ein Kind."* Er/Sie zeigt dann auf die Kinder auf der Schaukel und fragt: *„Und hier sind viele …?"*	Kinder		
… zeigt auf den großen Baum und sagt: *„Hier ist ein Baum."* Er/Sie zeigt dann auf die Bäume im Hintergrund und fragt: *„Und hier sind …?"*	Bäume		
… auf den roten Ball und sagt: *„Hier ist ein Ball."* Er/Sie zeigt dann auf die Bälle neben dem Wagen und fragt: *„Und hier sind …?"*	Bälle		
… auf das Lila Auto und sagt: *„Hier ist ein Auto."* Er/Sie zeigt dann auf das rote und das blaue Auto und fragt: *„Und hier sind …?"*	Autos		
… auf eine Blume neben dem Kind mit der Krone und sagt: *„Hier ist eine Blume."* Er/Sie zeigt dann auf die anderen Blumen und fragt: *„Und hier sind …?"*	Blumen		

5.2 Satzbildung

5.2.1 Subjekt-Verb, 3. Person Singular (Einzahl)

Beispiel: Prüfer/Prüferin zeigt auf das schaukelnde Mädchen und sagt: *„Guck mal, das Mädchen schaukelt."*

Prüfer/Prüferin zeigt …

	Antwort des Kindes:	+	−
… auf das Mädchen mit dem Teddy und fragt: *„Und was macht das Mädchen? Das Mädchen …"*	… rennt.		
… auf den Jungen auf der Schaukel und sagt: *„Was macht der Junge? Der Junge …"*	… schaukelt. … sitzt.		
… auf das Mädchen auf dem Traktor und fragt: *„Und was macht das Mädchen?"*	… fährt.		
… auf den Jungen auf der Rutsche und fragt: *„Und was macht der Junge da?"*	… rutscht.		

5.2.2 Präposition im Akkusativkontext

Prüfer/Prüferin zeigt ...

	Antwort des Kindes:	+	−
... auf den Jungen auf der Rutsche und fragt: *„Wohin rutscht der Junge?"*			
	... **in den** Sandkasten.		
... auf das Mädchen auf der Leiter und fragt: *„Wohin klettert das Mädchen?"*			
	... **auf das** Dach, das Haus.		
... auf die gelbe Kiste mit dem Werkzeug und fragt: *„Wohin hat der Junge den Hammer und die Zange gelegt?"*			
	... **in die** Kiste.		

5.2.3 Präposition im Dativkontext

Prüfer/Prüferin zeigt ...

	Antwort des Kindes:	+	−
... auf das Mädchen mit dem Eimer beim Traktor und fragt: *„Woher hat das Mädchen den Sand geholt?"*			
	... **aus dem** Sandkasten.		
... auf die Kinder und den Mann, die aus dem Haus kommen und fragt: *„Woher kommen die Kinder und der Mann?"*			
	... **aus dem** Haus, Zimmer.		
... auf die Kinder auf der Wippe und fragt: *„Wo sitzen die Kinder?"*			
	... **auf der** Wippe.		

5.2.4 Nebensatzbildung mit Konjunktion

Prüfer/Prüferin zeigt …

	Antwort des Kindes:	+	−
… auf den Jungen im Rollstuhl und fragt: *„Warum sitzt der Junge im Rollstuhl?"*			
	… **weil** er krank ist. … **weil** er nicht laufen kann.		
… auf das Mädchen mit der Krone und fragt: *„Warum hat das Mädchen eine Krone auf?"*			
	… **weil** es eine Prinzessin ist. … **weil** es Geburtstag hat.		
…auf den weinenden Jungen und fragt: *„Warum weint der Junge?"*			
	… **weil** er hingefallen ist. … **weil** die Hose kaputt ist.		

5.2.5 Partizipbildung

Prüfer/Prüferin zeigt …

	Antwort des Kindes:	+	−
… auf das Mädchen auf dem Klettergerüst und fragt: *„Wie ist das Mädchen auf das Klettergerüst gekommen?"*			
	Es ist **ge**klettert.		
… auf das kleine Kind auf der Wippe und fragt: *„Wie ist das kleine Kind auf die Wippe gekommen?"*			
	Es ist **ge**krabbelt. Es ist **ge**klettert. Es ist **ge**hoben …		
… auf den weinenden Jungen und fragt: *„Der Junge weint. Wie ist passiert?"*			
	Er ist **hinge**fallen. Er ist **ge**fallen. Er ist **ge**stürzt.		

6. Phonologische Diskriminationsfähigkeit

6.1 Auditive Wahrnehmung: „gleich oder verschieden?"

Prüfer/Prüferin sagt:
*„Ich sage dir immer zwei Wörter und du sagst mir, ob sie sich **gleich** oder **verschieden** anhören. Zum Beispiel: Haus – Haus. Haus und Haus hören sich **gleich** an. Hose – Dose. Hose und Dose hören sich **verschieden** an."*

	Kind sagt:	+	–		Kind sagt:	+	–
Hund – Tag				Keller – Teller			
Maus – Maus				Schlüssel – Schüssel			
Wand – Wind				Tanne – Tanne			
Sonne – Tonne				Tasche – Flasche			
Dach – Fach				Flieder – Flieger			

6.2 Reimwörter: „Welche Wörter hören sich ähnlich an?"

Prüfer/Prüferin sagt:
*„Ich sage dir immer drei Wörter, zwei davon klingen **ähnlich**. Sage mir, welche Wörter **ähnlich** klingen. Zum Beispiel: Haus – Maus – Blume. Haus und Maus klingen **ähnlich**."*

	Kind sagt:	+	–
Hose – Dose – Hemd			
Kopf – Hand – Wand			
Fisch – Hund – Tisch			

6.3 Wortlänge: „Welches Wort ist länger?"

Prüfer/Prüferin sagt:
*„Ich sage zwei Wörter. Welches Wort ist **länger**? Zum Beispiel: Regenjacke – Tür. Das Wort Regenjacke ist **länger**."*

	Kind sagt:	+	–
Schmetterling – Brett			
Haus – Klettergerüst			
Sandkasten – Baum			

	Name:

Auswertungsbogen (4- bis 5-Jährige):

		unauffällig	erreichte Punktzahl	Förderbedarf	
				nein	ja
1.	Spontansprache				
2.	Sprachverständnis	5–9 Punkte			
3.	Sprachproduktion	4–6 Punkte			
4.	**Wortschatz/Artikulation/Begriffsbildung**				
4.1	Artikulation	8–14 Punkte			
4.1	Nomen (Gegenstände)	11–14 Punkte			
4.2	**Adjektive**				
	Farben erkannt	3–4 Punkte			
	Adjektiv benannt	1–4 Punkte			
	Eigenschaften erkannt	2–4 Punkte			
	Adjektiv benannt	1–4 Punkte			
	Formen erkannt	2–4 Punkte			
	Adjektiv benannt	1–4 Punkte			
4.3	**Verben**				
	Tätigkeit erkannt	2–4 Punkte			
	mit Verb benannt	1–4 Punkte			
5.	**Grammatik**				
5.1	Pluralbildung (Mehrzahl)	3–5 Punkte			
5.2	**Satzbildung**				
5.2.1	Subjekt-Verb, 3. Person Singular	2–4 Punkte			
5.2.2	Präposition im Akkusativkontext	1–3 Punkte			
5.2.3	Präposition im Dativkontext	1–3 Punkte			
5.2.4	Nebensatzbildung mit Konjunktion	1–3 Punkte			
5.2.5	Partizipbildung	1–3 Punkte			

ergänzende Informationen (Eltern)

ergänzende Informationen (Kindergarten, Schule) Sozial-, Spiel-, Arbeits-, Sprachverhalten

Name:

Bewertung (4- bis 5-Jährige):

Die Sprache des Kindes ist	unauffällig	auffällig
Eine weitere Überprüfung ist	nicht notwendig	notwendig

Rücksprache mit den Eltern

ist erforderlich	nein	ja

Weitere diagnostische Abklärungen

Hausarzt/ärztin		Sprachheilbeauftragte/r	
Kinderarzt/ärztin		Sprachheilpädagoge/in	
HNO-Arzt/ärztin		Logopäde/in	
Augenarzt/ärztin		sonstige	

Eingeleitete Maßnahmen

(Datum und Unterschrift des Prüfers/der Prüferin)

Name:

Auswertungsbogen (5- bis 6-Jährige):

		unauffällig	erreichte Punktzahl	Förderbedarf nein	Förderbedarf ja
1.	Spontansprache				
2.	Sprachverständnis	6–9 Punkte			
3.	Sprachproduktion	5–6 Punkte			
4.	**Wortschatz/Artikulation/Begriffsbildung**				
4.1	Artikulation	12–14 Punkte			
4.1	Nomen (Gegenstände)	5–14 Punkte			
4.2	**Adjektive**				
	Farben erkannt	3–4 Punkte			
	Adjektiv benannt	3–4 Punkte			
	Eigenschaften erkannt	3–4 Punkte			
	Adjektiv benannt	3–4 Punkte			
	Formen erkannt	3–4 Punkte			
	Adjektiv benannt	3–4 Punkte			
4.3	**Verben**				
	Tätigkeit erkannt	3–4 Punkte			
	mit Verb benannt	3–4 Punkte			
5.	**Grammatik**				
5.1	Pluralbildung (Mehrzahl)	4–5 Punkte			
5.2	**Satzbildung**				
5.2.1	Subjekt-Verb, 3. Person Singular	3–4 Punkte			
5.2.2	Präposition im Akkusativkontext	2–3 Punkte			
5.2.3	Präposition im Dativkontext	2–3 Punkte			
5.2.4	Nebensatzbildung mit Konjunktion	2–3 Punkte			
5.2.5	Partizipbildung	2–3 Punkte			
6.	**Phonologische Diskriminationsfähigkeit**				
6.1	auditive Wahrnehmung	6–9 Punkte			
6.2	Reimwörter	1–3 Punkte			
6.3	Wortlänge	1–3 Punkte			

ergänzende Informationen (Eltern)

ergänzende Informationen (Kindergarten, Schule) Sozial-, Spiel-, Arbeits-, Sprachverhalten

Name:

Bewertung (5- bis 6-Jährige):

Die Sprache des Kindes ist	unauffällig	**auffällig**
Eine weitere Überprüfung ist	nicht notwendig	**notwendig**

Das Kind braucht nach meiner Einschätzung:

keine zusätzliche Förderung	ja
einen Deutsch-Sprachkurs	ja
sprachheilpädagogische/logopädische Förderung	ja

Rücksprache erforderlich:

mit den Eltern	nein	**ja**
mit dem Kindergarten	nein	**ja**
mit der aufnehmenden Schule	nein	**ja**
mit dem/der Klassenlehrer/in	nein	**ja**

Weitere diagnostische Abklärungen

Hausarzt/ärztin		Sprachheilbeauftragte/r	
Kinderarzt/ärztin		Sprachheilpädagoge/in	
HNO-Arzt/ärztin		Logopäde/in	
Augenarzt/ärztin		sonstige	

Eingeleitete Maßnahmen

_____

(Datum und Unterschrift des Prüfers/der Prüferin)